Buenos Aires y el país

FÉLIX LUNA

Buenos Aires y el país

stockcero

A864 Luna, Félix
LUN Buenos Aires y el país.- 1ª. ed.–
 Buenos Aires : Stock Cero, 2002.
 172 p. ; 23x16 cm.

 ISBN 987-20506-1-9

 I. Título - 1. Ensayo Argentino

 Fecha de catalogación: 18-11-02

Diseño y diagramación de interior:
Schavelzon l Ludueña. Estudio de diseño

© Félix Luna, 1982

1° edición: 2002
Félix Luna - Stockcero
ISBN N° 987-2050-61-9
Libro de Edición Argentina.

Hecho el depósito que prevé la ley 11.723.
Printed in the United States of America.

Ninguna parte de esta publicación, incluido el diseño de la cubierta, puede ser reproducida, almacenada o transmitida en manera alguna ni por ningún medio, ya sea eléctrico, químico, mecánico, óptico, de grabación o de fotocopia, sin permiso previo del editor.

This edition published by arrangement with
the Author through stockcero.com

For information address:
stockcero.com
Viamonte 1592 C1055ABD
Buenos Aires Argentina
54 11 4372 9322

stockcero@stockcero.com

Prólogo

Las páginas que siguen son el esqueleto, la arquitectura básica y descarnada de un trabajo que desde hace años quiero escribir con mayor extensión y profundidad. Los reclamos de otros temas y ocupaciones han ido postergando una elaboración más prolija y finalmente he optado por publicarlo como está; virtualmente desnudo de ropaje, revestido sólo por las ideas sustanciales que lo animan, sin tecnicismos (que no manejo) ni aparatos eruditos (que aquí me parecen innecesarios).

El motivo de lanzarlo así de desvalido a los caminos de la discusión pública es muy simple: difícilmente podré completarlo y no quiero dejarlo dormir indefinidamente. Se aproxima el tiempo en que algunos temas esenciales deberán ser discutidos en todos los niveles de la comunidad argentina, antes de la transición del actual régimen militar hacia el sistema republicano que es propio de nuestra tradición. Pienso que el problema de la relación de Buenos Aires con el país es el más dramático y el que requiere decisiones más urgentes, aunque la solución concreta demore en llegar. Tengo, entonces, la esperanza de que pueda abrirse un momento de reflexión, de recogimiento, en el espíritu argentino, antes del inevitable barullo que arrastra todo paso de un gobierno de facto a uno de derecho, y quiero creer que algunas de las ideas que aquí se exponen puedan servir en ese instante al mejor ordenamiento de la Argentina del futuro.

Por este mismo motivo he encarado el tema desde un punto de vista estrictamente historiográfico. En su momento, los políticos y los técnicos de muchas especialidades tendrán *que hacer su aporte a esta propuesta –no porque sea mía sino porque así lo impondrá la fuerza de las cosas–. Ellos dirán lo suyo. Por mi parte, aclaro que mi contribución es la de un historiador a la solución de un conflicto que tiene raíces históricas pero cuyas implicancias envenenan la realidad nacional desde hace años, deforman nuestra realidad, desequilibran nuestra armonía y oscurecen nuestro futuro como Nación.*

Siempre he dudado de que la historia sea la magister vitae *que decían los clásicos. Pero si no nos ayudara a entender algunas de las grandes cuestiones que nos definen y se proyectan sobre nuestro destino, entonces me avergonzaría de ser historiador. Por eso, estas páginas son la expresión de una actitud que es permanente en mí: la de considerar la historia, no como un acto gratuito, sino como un modo de pensar el país a partir de su pasado.*

Enero de 1982

I. La puerta de la tierra

A lo largo de su primer siglo de vida, Buenos Aires asumió enérgicamente la vocación intermediadora que había inspirado su fundación, tuvo enfrentamientos con otras ciudades españolas y encabezó un movimiento de expulsión contra usurpadores extranjeros.

Por lo que puede decirse que en aquellos primeros cien años, la ciudad porteña marcó claramente el signo de su futura relación con el destino nacional: una relación matizada de entendimientos y enfrentamientos, de gerencias y mediaciones, de liderazgos gloriosos por momentos, pero no pocas veces resistidos. Como si esa mísera aldea, de entrada nomás hubiera prefigurado la contradictoria función que habría de protagonizar en la formación del país que se levantaría en su contorno.

La puerta vacía

Según Juan de Garay, la ciudad debía ser *la puerta de la tierra*, es decir, un lugar de entrada y salida para el vasto espacio que los españoles estaban poblando entre el Cerro de la Plata y el Río de la Plata.

La concepción de Garay era un lugar común ideológico entre la gente más lúcida de la época. El conquistador Francisco de Aguirre planteó, cuarenta años antes de la fundación, la necesidad de completar la ristra de ciudades que habrían de flanquear el camino a Potosí, con un asentamiento sobre el estuario. El oidor Juan de Matienzo sugería al Rey en 1566: *"Ha de poblarse desde España el puerto de Buenos Aires adonde ha habido otra vez población y hay hartos indios y buen temple y buena tierra; los que allí poblaren serán ricos por la gran contratación que ha de haber allí desde España y Chile y del Río de la Plata y desta tierra"* (el Alto Perú). Recomendaba que se enviaran *"ciudadanos, mercaderes y labradores; pocos caballeros porque éstos ordinariamente no se quieren aplicar a tratos ni a labranzas sino andarse holgando, jugando y paseando"*.

Con lo que Matienzo vaticinaba no sólo la función intermediadora que tendría la futura Buenos Aires, sino también la condición innegablemente plebeya que habría de distinguirla.

Ahora bien: ¿qué era la tierra a la que Buenos Aires se proponía servir de puerta?

En el momento de la fundación, de Potosí al sur sólo existían las ciudades de Santiago del Estero (1553), Tucumán (1565) y Córdoba (1573). Formaban el esbozo de la ruta que alguna vez vincularía al Río de la Plata con el Cerro Rico; es decir, España con el gran centro productor del metal precioso que era, a la vez, el más importante mercado consumidor de esta parte de América. Pero por ahora, 1580, el tal esbozo se limitaba a esas tres poblaciones misérrimas, separadas por centenares de leguas, conflictuadas por ambiciones y pujos de poder que no eran sino la expresión de frustraciones generadas por la nula riqueza que habían hallado los conquistadores.

No era mucho más alentador el panorama de la comarca fluvial: Asunción existía desde 1540 y acá los españoles y criollos habían logrado cierta estabilidad política y económica: pero desde allí hasta el estuario sólo se encontraba otra población hispana, Santa Fe (1573), hostilizada por los indios chaqueños y poco promisoria. En realidad, algunos viajeros que venían de España y se dirigían a Asunción, preferían desembarcar en la costa brasileña, en Santa Catarina, y caminar hacia la capital paraguaya. Mendoza (1561) y San Juan (1562) eran ciudades remotísimas y pertenecían a jurisdicción chilena; no se pensaba en ellas cuando se daba a Buenos Aires como *puerta de la tierra*.

La puerta, el puerto, se abría entonces sobre un espacio casi vacío; tardaría dos siglos en llenar cumplidamente su función. Entretanto, los porteños tenían que vivir. Y en su inopia inicial, los *"ciudadanos, mercaderes y labradores"* de Buenos Aires se dispusieron a aprovechar de la mejor manera posible su estratégica posición.

Vivir burlando la ley

No fue fácil. Los 64 que vinieron con Garay —criollos casi todos— y los 30 andaluces y extremeños que llegaron dos años después de la fundación, permanecían como sitiados en el breve ejido de la ciudad. En 1587, el teniente de gobernador Rodrigo Ortiz de Zárate escribía al Rey que Buenos Aires era *"de serio la tierra más necesitada de todas las Indias"*. El contador Montalvo escribía el mismo año que *"la mayor fuerza que ha tenido y tiene para defenderse de los enemigos franceses e ingleses es la gran pobreza de toda la gente"*. Un memorial de 1590 afirmaba que *"no hay cuatro hijos de vecinos que traigan zapatos y medias ninguno y cual* (alguno) *camisa"*.

Era previsible la pobreza inicial. Ni la tierra tenía todavía un contenido poblacional y económico significativo y por lo tanto la intermediación porteña era mínima;

ni se conocían las técnicas aptas para explotar las riquezas que vagaban por las pampas, esas inmensas manadas de yeguarizos y luego rodeos de vacunos mostrencos que pronto cobrarían contornos legendarios en la imaginación de los europeos. Los habitantes de Buenos Aires vivieron sus primeras décadas mirando hacia el río, como náufragos, esperando que de allí llegara la salvación. Una coincidencia afortunada les permitió salvar los años iniciales: el mismo de la fundación, Felipe II anexó Portugal a su corona. Los lusitanos mantuvieron sus leyes y aprovecharon la mala conciencia del monarca español para usufructuar todos sus nuevos derechos como súbditos. En primer lugar, comerciar con los españoles.

Buenos Aires y Brasil establecieron, entonces, vinculaciones comerciales no muy cuantiosas pero suficientes, al menos, para que los habitantes de la nueva ciudad no perecieran de necesidad. Precisamente pensando en Buenos Aires, el obispo del Tucumán, fray Francisco de Vitoria, hizo efectiva la primera exportación de productos elaborados en estas tierras: lienzo, telilla, cordobanes, sombreros, sobrecamas, frazadas tejidas en Santiago del Estero, que se embarcaron con rumbo al Brasil el 2 de septiembre de 1587, fecha que ha quedado consagrada como Día de la Industria Argentina.

Pero ni siquiera este minúsculo comercio podía ser tolerado por el sistema monopólico que caracterizaba en esa etapa histórica el mecanismo de intercambio español con las Indias. Además, con las mercaderías que venían de Brasil llegaban también no pocos portugueses, muchos de ellos de origen israelita, a avecindarse en Buenos Aires o en las ciudades tucumanesas. Como puerta, la ciudad de Garay amenazaba abrirse demasiado. Muy poco después de la fundación, el virrey del Perú, marqués de

Cañete, denunciaba que *"es imposible estorbar el pasaje a nadie, aunque yo lo tenga prohibido"*. Con acertada intuición el historiador Fernand Braudel afirma: "No podríamos sorprendernos... de que Buenos Aires haya sido en sus comienzos una ciudad semiportuguesa".

En 1595 una Real Cédula prohíbe introducir en Buenos Aires mercaderías procedentes de las colonias portuguesas. Cesaba así la única corriente que posibilitaba la supervivencia de la ciudad. Había que resignarse a comunicarse con el mundo mediante el parsimonioso sistema de los navíos de registro, obviamente inaptos para proveer a los porteños –y mucho menos a los pobladores del Tucumán y del Paraguay– de los artículos manufacturados que necesitaban. Teóricamente los navíos de registro eran uno o a lo sumo dos por año; pero hubo hasta seis años que no llegó ninguno a la lejana población platense...

Entonces Buenos Aires empieza a ejercer un contrabando casi institucionalizado, única manera de recibir el oxígeno indispensable para seguir existiendo. Se instaló una mafia de contrabandistas que en los primeros años del siglo XVIII lucró con el tráfico ilegal. Algunos eran funcionarios, otros eran esos caballeros que Matienzo descalificaba como vagos y paseanderos. Todos usaban las mañas más sutiles para burlar las disposiciones reales, desde desembarcar mercaderías en parajes despoblados hasta denunciar navíos cómplices a los que se decomisaba los efectos para venderlos en pública y formal subasta, en las que los únicos ofertantes eran los contrabandistas "confederados". Buenos Aires seguía siendo pobrísima, pero algunos pocos vecinos vivían suntuosamente, hacían alarde de sus concubinas, organizaban formidables timbas y coimeaban prolijamente a los funcionarios. No a Hernandarias, criollo probo que desbarató varias veces sus maniobras y tuvo que sufrir tremendos ataques de la banda. Pero aun después de disuelta ésta y arrepentidos debidamente sus integrantes (algunos de los cuales terminaron su vida como religiosos) la ciudad porteña siguió manteniendo la práctica del comercio ilegal. Puede decirse que no hubo gobernador en el siglo XVII que no haya participado de él de una u otra manera. Era una forma de hacer cumplir el destino intermediador de la ciudad de Garay, imposible de realizar mediante vías legales. Buenos Aires y el Tucumán necesitaban esclavos, ropas, armas, papel, muebles, artículos del hogar. ¿Por dónde podían entrar estos efectos sino por la ciudad platense?

Buenos Aires sobrevivió, pues, en el primer siglo de su vida, gracias a una burla permanente a la ley. *"No hay cosa en aquel puerto tan deseada como quebrantar las órdenes y cédulas reales"*, decía el ex gobernador Dávila en 1638. Toda una picaresca, a veces muy divertida, como lo ha relatado Raúl Molina en su libro sobre Hernandarias, fue medrando al costado de la tolerada clandestinidad: obispos que excomulgaban a sus rivales en el tráfico ilícito, gobernadores enloquecidos de aburrimiento que robaban descaradamente, pleitos, riñas, denuncias, componendas... Hay un perfil de Buenos Aires actual que se recorta en el oportunismo, el dinero fácil, la violación de la ley sin sanciones judiciales ni morales. Probablemente ese perfil empezó a esbozarse en la más rancia tradición porteña: al menos es de suponerlo dado su persistencia en todas las épocas...

Cazar vacas

Pero los efectos que se compran deben pagarse, aun cuando se compren de contrabando. ¿Cómo pagaban los porteños esas mercaderías? Con cueros y algo de sebo, es decir, con los productos primarios que ofrecía la pampa circundante.

Pocos años tardaron los vecinos de Buenos Aires en descubrir la vasta llanura que rodeaba a la aldea por tres costados. No la poblaron: salieron en expediciones para cazar vacas y cuerearlas. "Cazar" es un verbo preciso para describir esas épicas vaquerías, verdaderas insensateces ecológicas que en cada entrada dejaban ingentes cantidades de reses pudriéndose al sol. Sólo se aprovechaba el cuero; eventualmente la lengua del animal para consumo inmediato de los expedicionarios, asada sobre las débiles cenizas de la bosta encendida, ya que en la pampa no había árboles. Un festín para los chimangos, los perros cimarrones y los ratones que constituían las plagas de los campos. Pero insensato y todo, era el único sistema viable para obtener frutos de la tierra, puesto que era impensable criar ganado en lugares fijos: no había gente para atenderlo ni existía seguridad frente a los ataques indígenas.

Los temibles querandíes, aquella etnia que expulsó a Don Pedro de Mendoza en 1537, habían desaparecido misteriosamente a fines del siglo XVI. Pero los pampas los habían reemplazado y estaban descubriendo el caballo. Al convertirse en ecuestres, los indios adquirían una peligrosidad que los porteños no dejaron de percibir. Aunque en los primeros lustros del siglo XVII no se registran grandes malones (no había mucho que robar en la población cristiana), internarse en esa llanura infinita, desconocida, no era tranquilizador. La vaquería era, entonces, un modo primitivo y depredador pero eficaz para hacerse de bienes que pudieran intercambiarse con los mercaderes, legales o no, que llegaban hasta las toscas de la ciudad fundada por Garay.

Era una operación bárbara y riesgosa. Los protagonistas de la matanza se proveían de una larga lanza cuya punta era una afilada medialuna de metal. Después de localizar un rodeo se metían al galope en el conjunto y cortaban los tendones del garrón del animal; en cuanto caía, pasaban a hacer lo mismo con otro. Así, durante toda la jornada, eludiendo las atropelladas de aquellas bestias casi salvajes, flacas, ariscas, guampudas. Cuando terminaban, centenares o tal vez miles de reses, paralizadas por los cortes, mugían desesperadas entre los pastos. Venía entonces la otra etapa de la faena: ultimar las vacas y cuerearlas, casi en caliente. El producto se estibaba en carretas y luego regresaban, dejando el campo hecho un asco de sangre, carne podrida y hueserío.

Dilapidación: esto eran las vaquerías. Una depredación irracional de recursos que a fines del siglo XVIII había aparejado una alarmante disminución del ganado vacuno. Pero este ejercicio dilapidador dejó su sello en los ancestros porteños. Como asimismo en quienes lo practicaban, una justificada insensibilidad ante la sangre y una dureza física que confluirían, no mucho más tarde, en la formación del arquetipo del habitante rural rioplatense: el "gauderio".

De todos modos, en su pobreza y aislamiento, la privilegiada situación geográfica de Buenos Aires no podía seguir ignorándose por mucho tiempo. No sólo era la boca de entrada de mercaderías que llegaban hasta Potosí y el mismo Perú, sino que se había convertido en el obligado punto de desembarco para los funcionarios reales que venían a esta parte de América; hasta los que debían pasar a Chile preferían bajar aquí y seguir por tierra.

En 1617 se jerarquiza políticamente a la ciudad, que ya contaba con treinta y siete años de vida, convirtiéndola en sede de la Gobernación del Río de la Plata. Empezaba el destino capital de Buenos Aires, ese destino cuyas alternativas formarían parte sustancial de un buen segmento de nuestra historia.

La jurisdicción de la flamante Gobernación comprendía las ciudades de Santa Fe, Corrientes (1588) y Concepción del Bermejo (1585, posteriormente despoblada). La misma disposición real establecía los límites de la Gobernación del Paraguay y refirmaba los del Tucumán, que a las ciudades existentes cuando Garay fundó Buenos Aires había agregado en años siguientes a Salta (1582), La Rioja (1591) y Jujuy (1593). En jurisdicción chilena se encontraban Mendoza (1561), San Juan (1562) y San Luis (1594). Los gobernadores del Río de la Plata, Tucumán y Paraguay dependían formalmente del virrey del Perú y de la Audiencia de Charcas; en los hechos gozaban de una amplia independencia.

Empezaba otra etapa para la vida de Buenos Aires. Sin embargo, no fue el siglo XVII una época de prosperidad para la flamante sede de la Gobernación. Muchos factores coincidieron en retrasar su progreso: pésimos gobernadores, un estado de guerra casi permanente entre España contra Holanda e Inglaterra que hizo peligrosa la travesía del Atlántico, la guerra de Portugal por su independencia, el vigilante celo de Lima y el sistema mismo de la dominación hispana, vinculado a una concepción demasiado metalista de la riqueza nacional. Además, el Tucumán se vio sacudido entre 1630 y 1660 por alzamientos aborígenes que pusieron en peligro la estructura poblacional hispana de la región e interrumpieron la pacífica cooperación que hasta entonces habían prestado los nativos. Hubo lustros que no vieron aparecer en Buenos Aires a ningún navío de registro y abundaron los sustos provocados por piratas y corsarios. Si la ciudad se salvó de ser atacada por los enemigos de España fue, en primer lugar, por su notoria pobreza, y además porque la navegación del estuario era difícil, ya que se ignoraba casi la ubicación de bancos y canales.

Recelos, querellas

Y sin embargo, este poblacho escaso y aislado provocó desde su creación, resistencias y celos. Considerada su fundación una necesidad, a poco de instalada empezó a despertar rivalidades en otras ciudades españolas; y estas reacciones también constituirían una constante en su vida futura.

En primer término, Lima. Era evidente que la ciudad del Plata tendería, con el tiempo, a establecer vinculaciones comerciales con Potosí y su contorno, mucho más cómodas, baratas y seguras que las mantenidas por la ciudad peruana. El sistema de galeones que en aquella época practicaba España con las Indias imponía a las mercaderías un larguísimo y costoso itinerario: de Cádiz o Sevilla a Portobelo; aquí se descargaba para pasar por tierra a Panamá, a cargar otros navíos que, ahora por el Pacífico, debían arribar a Guayaquil y luego al Callao para bajar a tierra y cargar largas recuas de mulas que llevarían los efectos hasta el Alto Perú cruzando las regiones más ásperas y difíciles de América del Sur. Frente a esta ruta, Buenos Aires ofrecía un recorrido por caminos llanos, sin obstáculos naturales de importancia.

"El argumento decisivo de Lima para aniquilar la competencia atlántica fue el temor de una no fiscalizada exportación de metales preciosos a través de Buenos Aires" dice Manfred Kossok. Era "la ruta clandestina de la plata", magnificada por los comerciantes limeños para estrangular la competencia atlántica. Sus poderosas influencias lograron que la Corona estableciera una aduana en Córdoba (1622) que detuvo el tránsito de mercaderías ingresadas por el Río de la Plata. Esta medida se complementó al año siguiente con la prohibición de exportar metales preciosos por Buenos Aires, lo que condenaba a la economía rioplatense a una economía de trueque, de mera subsistencia.

Y no sólo a Buenos Aires: también el Tucumán se vio afectado por la aduana de Córdoba. Ahora los tucumanenses debían importar los efectos que necesitaban por la carísima vía de Lima. De todos modos la medida tuvo efectos relativos gracias al contrabando, que siguió operando en gran escala.

Lima había triunfado sobre la incipiente Buenos Aires, pero era una victoria tan antinatural, tan reñida con la lógica de la realidad, que la lucha debía resolverse, a largo plazo, en favor de la ciudad platense. En 1689 los intereses limeños debieron aceptar un primer retroceso: con motivo del envío de navíos que debían desembarcar en Buenos Aires mercaderías destinadas a Chile, los representantes del comercio limeño obtuvieron autorización para mandar un representante a Santiago del Estero, a fin de comprobar que los efectos no pasaran al norte. O sea que la frontera económica entre el Perú y el Río de la Plata quedaba fijada cien leguas más arriba de la anterior. Poco más tarde, los cabildos de Buenos Aires, Santa Fe, Santiago del Estero y Córdoba comisionaron a un vecino porteño, Gabriel Aldunate y Rada, para informar a la Corona sobre la situación de las gobernaciones del Río de la Plata y el Tucumán. Fueron tan incontestables las razones de Aldunate que por cédula real expedida en 1696 se dispuso la mudanza de la aduana de Córdoba, a Jujuy. Lo que equivalía a sancionar, por parte de Lima, la pérdida del mercado tucumanés. "Las fuerzas imponderables de la historia iban trazando los límites de la argentinidad", dice Vicente Sierra.

La última batalla contra Buenos Aires la perdió Lima en 1776, cuando se creó el Virreinato del Río de la Plata, que incluía el Alto Perú en su jurisdicción. O más exactamente, cuando el virrey Cevallos sancionó un año después el "Auto de Libre Internación" que permitía llevar libremente hasta el Perú las mercaderías ingresadas por Buenos Aires. En ese momento –como lo demostró el activo virrey al fundamentar la medida– una vara de paño importada desde el Perú costaba en Córdoba de $ 20 a $ 30, mientras que si llegaba por Buenos Aires se vendía a $ 5. La derrota limeña tuvo todavía un último episodio: en 1790 se prohibió la importación de azogue por la vía peruana; el precioso elemento, indispensable para beneficiar las minas potosinas, entraría exclusivamente por la ciudad porteña, con lo que se estrechaban más aún los vínculos entre el Alto Perú y el Río de la Plata. Un siglo largo había demorado el desquite de Buenos Aires, pero lo había hecho cumplidamente... Con razón ha dicho Ricardo Levene que "la madrastra de Buenos Aires no fue España sino Lima".

No fue la única que rivalizó con Buenos Aires en aquellos primeros siglos. Santa Fe y Córdoba mantuvieron querellas con la ciudad porteña en torno a las vaquerías que se realizaban en territorios de jurisdicción dudosa. En 1694 hubo disputas entre los cabildos respectivos hasta que en 1700 el gobernador de Buenos Aires prohibió las vaquerías, que no obstante se siguieron practicando. Con Córdoba los problemas se reiteraron muchas veces y hasta la lejana San Juan fue fulminada por el cabildo porteño como cómplice de las sacas de ganado. De todos modos, las querellas entre ciudades a raíz de las incursiones de los "accioneros" sirvieron para ir definiendo algunos límites de las futuras provincias argentinas, porque en 1721 un grupo de árbitros señaló el Arroyo del Medio como término de las jurisdicciones de Buenos Aires y Santa Fe; esta última agregaba al territorio que poseía, todo el que llegaba, Paraná al este, hasta el río Uruguay, es decir la actual provincia de Entre Ríos. Por su parte, a Buenos Aires se le adjudicaba la banda oriental del Río de la Plata, entonces sin población española y con pocos indígenas.

Además, Buenos Aires mantuvo con Santa Fe un largo pleito desde 1716 hasta las vísperas de la erección del Virreinato en torno a la condición de "puerto preciso" que había obtenido esta ciudad, lo que obligaba a los navíos que traficaban por el Paraná a recalar en Santa Fe y pagar una tasa destinada a mantener el servicio de fronteras contra los indios del Chaco. La ciudad porteña cuestionó vehementemente el privilegio santafecino, que le quitaba su calidad de puerto único entre el Atlántico y Asunción.

Y no sólo Córdoba, Santa Fe o aun San Juan. Con Montevideo, fundada en 1736, Buenos Aires competiría duramente, como se verá, por el monopolio del puerto sobre el estuario. Por otra parte, son frecuentes en la época las acusaciones de cabildos o particulares de la región del Tucumán contra Buenos Aires; entre otros motivos, porque el pretexto de los peligros de piratas o de portugueses servía a los porteños para excusarse de participar en las entradas contra los indios del Chaco –servicio militar periódico que los tucumaneses aborrecían– o en las represiones contra los alzamientos calchaquíes. Flota en el papelerío de ese tiempo la sensación de que casi todas las ciudades del Río de la Plata, Paraguay y Tucumán, al menos las más vinculadas por vecindad o comercio a Buenos Aires, tienen a los porteños como egoístas y poco solidarios.

No se trataba de rencores circunstanciales, desde que tuvieron proyección con posterioridad a la Revolución de Mayo. Acaso sea aventurado afirmar que la actitud españolista de Lima, después de 1810, fue una respuesta a la actitud independentista de su antigua rival del Plata. Pero no hay duda, en cambio, que en las posiciones antiporteñas de Artigas late un resabio de la reacción oriental contra sus vecinos transplatinos, que empieza casi con la fundación de Montevideo.

La ciudad convocadora

Así, en una medianía que tocaba los límites de la pobreza, tratando de buscar su lugar bajo el sol en las márgenes del Imperio Español, fueron pasando los cien primeros años de vida de Buenos Aires. Nada parecía augurar una función heroica al pequeño poblado, sobradamente compensado de su abandono con la circunstancia de ser la sede del gobierno del Río de la Plata. Pero justamente cuando cumplía un siglo, la ciudad porteña reveló su escondido poder convocante. Si aquellas décadas habían contenido elementos que después definirían su papel en la futura formación argentina, en 1680 Buenos Aires asumió por primera vez ese alto destino de ciudad encabezadora, promotora de empresas de signo nacional que habría de balancear sus muchos desmayos, egoísmos y ausencias a lo largo de nuestra historia.

He llamado al episodio "la primera guerra argentina". La cosa empezó en enero de 1680, cuando una expedición lusitana llegó a la isla San Gabriel, a diez leguas de Buenos Aires sobre la costa oriental del Río de la Plata, y fundó un establecimiento en la punta rocosa que se destaca sobre la tierra firme. Era la Colonia del Sacramento, cuya posesión determinaría una agotadora sucesión de movimientos militares y diplomáticos a lo largo de casi un siglo.

Portugal, recuperada su independencia desde 1660, procuraba extender sus dominios americanos. La fundación de la Colonia constituía una innegable usurpación, pues la banda oriental del estuario pertenecía a la Corona española aunque sólo se tuviera en cuenta la demarcación de Tordesillas y se olvidaran los muchos actos posesorios realizados por los castellanos desde la entrada de Solís. Pero el intento portugués respondía a una política audaz que se manifestaba en razón inversa a la debilidad creciente de la monarquía española. Por otra parte, la elección del lugar revelaba una sagaz estrategia: Colonia, una península fácilmente defendible, es la única parte del estuario donde hay piedra en cantidad, elemento del que carecía Buenos Aires y que era indispensable para construir fortificaciones. Más importante todavía: es Colonia la llave de los ríos Paraná y Uruguay y, convenientemente usada, puede constituir una amenaza mortal para la aún joven Buenos Aires. En cuanto se tuvo noticias aquí del desembarco portugués, el gobernador José Juan de Garro convocó a los que hoy llamaríamos "fuerzas vivas" de la ciudad para consultar la actitud que adoptaría. Todos, el cabildo, el obispo, los superiores de las órdenes religiosas, los jefes de milicias, los vecinos caracterizados, todos coincidieron que debía expulsarse de inmediato a los intrusos. Garro, vizcaíno resuelto y expeditivo, mandó aviso al virrey del Perú pero sin esperar respuesta se dirigió al gobernador del Tucumán y a los cabildos de Santa Fe y Corrientes pidiendo ayuda. Y aquí fue donde se reveló la capacidad de convocatoria de la ciudad porteña: se olvidaron recelos y desconfianzas y los tercios de Córdoba, Tucumán y La Rioja acudieron a prestar socorro a la ciudad porteña. Santa Fe y Corrientes también acudieron con contingentes y un núcleo numeroso de indios de las Misiones concurrió, acompañado por sus sacerdotes. En pocos meses puso sitio a la Colonia del Sacramento una respetable fuerza compuesta mayoritariamente por criollos e indios, a las órdenes de un santafecino, el general Antonio de Vera y Mujica.

Aunque el jefe de la expedición portuguesa intentó entrar en tratos con las autoridades de Buenos Aires, éstas rechazaron todo parlamento, negaron todo intercambio e intimaron a los intrusos a que se retiraran de inmediato. No era poca la responsabilidad de Garro porque España y Portugal estaban en paz, y un episodio bélico podía desatar un conflicto impredecible. Consciente de su responsabilidad, llamó a una nueva reunión general y una vez más las voces porteñas insistieron en formalizar la expulsión por la fuerza, ya que los intrusos no mostraban indicios de retirarse. Entonces, desde Buenos Aires se impartió la orden de tomar el enclave portugués.

A principios de agosto las fuerzas sitiadoras desbordaron las defensas lusitanas. La masacre fue horrorosa: los indios misioneros, que aborrecían a los portugueses en recuerdo de las depredaciones de los *bandeirantes*, desbordaron todo control y mataron sin piedad a quien se puso delante. Los sobrevivientes, incluido el jefe de la expedición, fueron remitidos a Buenos Aires. Es sabido que la diplomacia española cedió ante los airados reclamos de Portugal y un par de años más tarde los portugueses se instalaron nuevamente en la Colonia del Sacramento para empezar el juego de toma y daca que giró alrededor de esta ciudad hasta 1777. Pero en 1680 Buenos Aires logró lo que antes no se había conseguido: que las ciudades de esta parte de América respondieran a su llamado para expulsar a un enemigo exterior. Fue un objetivo "nacional", si es permitido usar la palabra al hacer referencia al siglo XVII, que conquistaron soldados y oficiales indios y criollos, al mando de un jefe nacido en esta tierra. Lo hicieron en defensa de su suelo pero también en interés de una España que no supo ponerse a la altura de la actitud de sus súbditos indianos. En la emergencia, los porteños hicieron lo que debían hacer como españoles americanos, aun conociendo la gravedad de la iniciativa que asumían.

El episodio de 1680 prefigura, en cierto modo, la reacción de 1806/7 contra las invasiones inglesas. Pero aun sin forzar las comparaciones, señala la autoridad moral que cargaba ya Buenos Aires y la lucidez de sus elementos constituyentes para resolver una situación tan grave y delicada como la creada por los intrusos portugueses.

Era, por otra parte, la primera vez que en América se tomaba una actitud decidida frente a los persistentes avances lusitanos, y así lo reconocieron muchos cabildos que enviaron a Buenos Aires sus mensajes de salutación. En el proceso de decadencia y debilitamiento que sufría la Corona española en esa época, la actitud porteña significó una estimulante excepción, aunque sus consecuencias se frustraran poco después.

La ciudad de Garay era capital de una Gobernación, al igual que Santiago del Estero, sede de los gobernadores del Tucumán (aunque en estos años tendían a establecerse en Córdoba y más tarde en Salta), o que Asunción, capital de la del Paraguay. Pero su autoridad moral, refirmada en 1716 por la cédula real que le concedió el título de "Muy Noble y muy Leal", le daba una preeminencia que auguraba destinos más levantados.

El Estado flojo

Esas últimas décadas del siglo XVII y principios del XVIII asistieron a un proceso de degradación de la autoridad española, encarnada primero en la desdichada persona de Carlos II y luego disputada en su legitimidad por la prolongada Guerra de Sucesión. Curiosamente, la debilidad de la Corona corrió paralelamente a un aumento de la prosperidad de los dominios hispanos en América, especialmente en el cono sur del continente. La explicación de este fenómeno es una paradoja, no por ello menos real: en la medida en que el Estado español perdía eficacia y compulsividad, los dominios americanos florecían sin interferencias por el simple desarrollo de sus fuerzas internas. Ya se vería, al finalizar el siglo XVIII, que todas las tensiones y contradicciones latentes en los dominios americanos se pondrían en un punto crítico precisamente cuando los Borbones llevaban a cabo exitosamente reformas que tendían a devolver aptitud y eficacia al aparato estatal.

Hacerlo significaba que España podía realizar lo que hasta entonces no había logrado: cumplir la función de metrópoli en una relación colonial. Toda metrópoli exacciona, dirige la economía de sus colonias, cobra impuestos, impone regulaciones en defensa de su propia producción y aniquila los productos que puedan competir con los metropolitanos. Esto no ocurrió en Indias a fines del siglo XVII y principios del XVIII. En ese momento, los dominios americanos de España no eran propiamente colonias: lo fueron un siglo más tarde. En tanto la inaptitud del Estado español, sus problemas políticos y el decaimiento del poder industrial de la nación aflojaban los vínculos con América, la diversificación de actividades, la ampliación del mercado interno, el moderado adelanto que, en suma, se percibía, revertía a favor de los habitantes de Indias, sin mayores gabelas que tributar a la metrópoli, lejana e ineficaz aunque, por supuesto, siempre presente en la lealtad de los súbditos del Nuevo Mundo.

Fue por estas calendas cuando empezó a definirse mejor la vasta comarca de la que formaría parte la patria de los argentinos.

Data de 1680 un curioso documento que he glosado en otra parte. Se trata de una denuncia anónima formulada por un vecino de La Rioja y dirigida al Rey con el propósito de poner de resalto abusos y tropelías de diversos funcionarios. Pero además, el documento aporta interesantes sugestiones, como la de establecer una suerte de división regional del trabajo en el Tucumán y Buenos Aires. Proponía el corresponsal que *"...haya en cada ciudad su trato: en La Rioja el vino, en el valle de Catamarca el algodón...; en Córdoba del Tucumán las mulas; en Salta la ropa; en Buenos Aires mulas, vacas y ropas; en Santa Fe y Paraguay la yerba y el tabaco; en Tucumán las maderas que hacen carretas y otras obras de madera, con tal que la ropa no se impida que se pueda vender donde se quiere. Y con esto estará la provincia bien puesta y cada ciudad tendrá lo que es menester porque sabrá que el género que tiene de cosecha lo ha de vender...*".

Este documento y otros concordantes atestiguan que la región conquistada un siglo antes apenas, era ahora una moderada productora de bienes con destino al consumo interno regional y cuyo excedente se exportaba. Lentamente se iban integrando las ciudades que antes se encontraban aisladas. Manejaba sus asuntos públicos una buena proporción de criollos, nietos o bisnietos de conquistadores o peninsulares, cuyos hijos, a su vez, se asimilaban inmediatamente a las características de la población preexistente.

De esta región ya era salida obligada Buenos Aires, como lo era también de las ciudades de Cuyo, aunque dependieran administrativamente de Santiago de Chile: el tráfico de Mendoza y San Juan era más fácil, durante la mayor parte del año, con Córdoba o Buenos Aires que con la ciudad allende la cordillera.

No es nuestro propósito escribir una historia de Buenos Aires, pero no puede dejar de mencionarse, al recorrer esta etapa, que gran parte de la importancia porteña de la época se debió a la instalación del Asiento de Negros en 1716, como consecuencia de los tratados de Utrecht que pusieron fin a la Guerra de Sucesión. La South Sea Co. obtuvo el privilegio de introducir por Buenos Aires todos los esclavos destinados al litoral, al Tucumán y aun a Chile y Perú. Por supuesto, Lima protestó, porque perdía el suculento tráfico de negros que hasta entonces realizaba. Pero el gobernador de Buenos Aires hizo caso omiso del edicto del Virrey del Perú, de quien teóricamente dependía, y Buenos Aires se convirtió en "la más grande factoría comercial de Inglaterra en América del Sur", según Kossok. Pues el Asiento –instalado en la zona de Retiro para concentrar y dar descanso a los esclavos antes de expenderlos a los diversos mercados– encubría grandes compras de cueros por parte de los ingleses asentistas y, sobre todo, un revitalizado contrabando que se originara en la Colonia del Sacramento, nuevamente en poder portugués después de haber sido ocupada en 1704 por fuerzas porteñas, santafecinas, cordobesas y misioneras, tal como ocurriera un cuarto de siglo atrás.

Pero la demanda de cueros planteaba a las autoridades porteñas el casi agotamiento del ganado vacuno en la campaña: habían sido tan arrasadores los efectos de las vaquerías, que en 1723 el cabildo local desestimó una oferta de compra del administrador del Asiento expresando, con sombrío humor, que si seguía la matanza la provincia se quedaría *"sin cueros y en cueros"*. Sucedía que los rodeos mostrencos se alejaron de las cercanías de Buenos Aires y ahora había que buscarlos muy lejos, en tierras que los pampas señoreaban. En la Banda Oriental, también el ganado se había reproducido extraordinariamente. Pero allá no había poblaciones españolas que brindaran la infraestructura indispensable para el transporte de la corambre.

De todos modos, el agotamiento del ganado vacuno y los buenos precios que se ofrecían por sus cueros fueron creando una necesidad que empezaría a llenarse pocas décadas más tarde: la cría de vacunos en estancias cercanas al puerto, debidamente protegidas.

Hacia el Virreinato

El tiempo trabajaba a favor de Buenos Aires, porque la filosofía de la nueva dinastía (1702) tendía a la valorización de comarcas como la que regía la ciudad del Plata. Bajo los Austria, la riqueza era el oro y la plata; con los Borbones, la riqueza estaba formada por todos los bienes que pudieran producirse al menor costo. Los Austria habían privilegiado, en consecuencia, el flanco occidental de América, rico en minas; los nuevos monarcas querían reforzar el costado atlántico del continente, más próximo a la metrópoli y sus circuitos comerciales. La España conquistadora y misional de Carlos V y Felipe II cedía el paso al Estado burocrático y fiscalista de los Borbones, lo que equivalía a abandonar el sentido de la vida propio de hidalgos y frailes para asumir el de burgueses y administradores. Filosofía pragmática, realista, poco gloriosa seguramente: pero la única que en ese momento podía remontar a España de la decadencia en que se encontraba. Iba como anillo al dedo a la región del Río de la Plata.

El proceso que culminaría con la creación del Virreinato no fue rápido ni fácil. En la segunda década del siglo XVIII la ciudad seguía siendo pobre y continuaba aislada. En 1716, los soldados de la escasa guarnición no cobraban sueldos desde hacía ¡diecinueve años! El Asiento de Negros era una punta de lanza inglesa en el suburbio de la ciudad y, estuario por medio, la Colonia del Sacramento una espina portuguesa cuyas fortificaciones eran cada día más sólidas. Desde allí, el contrabando y el comercio clandestino hispanolusitano –terminantemente prohibido– erosionaban la autoridad real y hacían tambalear la precaria economía regional.

La designación de Bruno Mauricio de Zabala (1717) como gobernador del Río de la Plata marcó el comienzo de una política que Cevallos llevaría a término en 1776, en perfecta coincidencia con la ideología borbónica. Por de pronto, la fundación de Montevideo (1736) marcó el comienzo del fin de la presencia lusitana. Si los portugueses hubieran poblado, además de la Colonia, dos puntos intermedios sobre la costa oriental (Maldonado y Montevideo, por ejemplo), hoy la frontera sur del Brasil estaría en el estuario. Pero aislado de sus bases como estaba, demasiado lejos de Río de Janeiro y demasiado cerca de Buenos Aires, el enclave coloniense no podía perdurar, aunque los juegos diplomáticos europeos obligaran a España a devolver lo que una y otra vez tomaba por las armas.

Zabala aisló a los habitantes de la Colonia prohibiéndoles salir del recinto amurallado y vigilando los navíos que recalaban en su puerto. Por otro lado, la fundación de Montevideo frustraba la posibilidad de una ulterior ocupación portuguesa del *hinterland* oriental. Pero ni el esclarecido militar ni los vecinos de Buenos Aires, alborozados con el establecimiento de una población española al otro lado del río, podían adivinar que al poco tiempo los habitantes de la nueva ciudad platense –importados de España, es decir, sin vivencias americanas– aspirarían a sacudir todo vínculo con la capital de la Gobernación.

Entre tanto, diversas circunstancias y algunas medidas de gobierno seguían favoreciendo a Buenos Aires. En 1735 concluye el anacrónico sistema de las "flotas", los convoyes que una vez por año abastecían a América del Sur vía Panamá. Poco más tarde comienzan las exploraciones de los marinos españoles en las costas patagónicas y empieza a advertirse la importancia estratégica de las islas Malvinas. Es el momento más brillante de las misiones jesuíticas, cuyo copioso intercambio debe realizarse necesariamente por Buenos Aires, donde funciona la "Procuradoría", especie de oficina central de la Orden. Se establecen correos regulares entre Buenos Aires y España. Por entonces visita Concolorcorvo la ciudad y se hace lenguas de la pujanza de sus habitantes y la gracia de sus mujeres.

Pero la jerarquización definitiva de Buenos Aires vendrá empujada por los eternos problemas con Portugal. Ahorramos al lector el relato de los complicados sucesos que jalonan estas alternativas y sólo señalaremos que en 1777 Pedro de Cevallos avanza sobre Río Grande do Sul y luego toma la Colonia del Sacramento. Para asegurar que ésta será la última vez, hace demoler con explosivos sus fortificaciones y los principales edificios.

En este momento Cevallos no actuaba solamente como jefe militar sino como titular del flamante Virreinato del Río de la Plata, creado un año antes, cuya capital, desde luego, era Buenos Aires. En vísperas de cumplir dos siglos de vida, la ciudad de Garay había llegado a la más alta jerarquía a que podía aspirar una población española en América, compartiendo con México, Lima y Santa Fe de Bogotá la condición de corte virreinal. Una corte plebeya, sin brillo, pero con todo el empaque de su conquistado destino.

El esbozo de una gran nación

Lástima que el Virreinato del Río de la Plata haya durado solamente unos treinta años. Si esa estructura hubiera permanecido algún tiempo más, dando oportunidad a su ensamblaje interno para robustecerse y acomodarse mejor, probablemente las fuerzas centrípetas que operaban en su interior desde antes de su creación hubieran quedado neutralizadas y en su territorio hubiera florecido una gran nación.

La concepción que presidió su creación era, indudablemente, grandiosa y atrevida. Cuatro repúblicas existen hoy en lo que era su jurisdicción. Tenía salida al Atlántico por el río de la Plata, y al Pacífico por Puno. Contaba con todos los climas, lo atravesaban dos grandes ríos navegables y la variedad productora de sus regiones era pasmosa: riqueza agropecuaria en las pampas bonaerenses, cordobesas, santafecinas y orientales; maderas finas y duras en el Chaco y Paraguay; vinos y aguardientes en Cuyo, La Rioja y Catamarca. Se hilaban tejidos bastos en Cochabamba y otros puntos del Alto Perú, y algodones en Santiago del Estero y Catamarca. Metales en Potosí; azúcar en Tucumán (todavía no explotado comercialmente pero ya conocido); astilleros en Corrientes y Asunción; carretas en Tucumán y Mendoza. Hasta las foquerías y loberías de la Patagonia y Malvinas ofrecían vastas perspectivas.

Era una enorme nación en esbozo, un subcontinente apenas diseñado, cuya duración política sería la clave de su éxito.

Para crearlo, Carlos III debió romper con intereses muy poderosos. Lima lloró la pérdida del Alto Perú y varios años después de la Real Cédula de 1776 reclamaba todavía la devolución de esta rica región; Chile se quejaba de la incorporación de Cuyo a la jurisdicción de Buenos Aires. Pero la iniciativa era irreversible porque coincidía con el pensamiento del Estado español en la época. Instaurado como una necesidad militar, para dar jerarquía y poder a quien debía terminar con los avances portugueses en la Banda Oriental, la virtualidad del Virreinato fue tan lógica y se impuso con tanta fuerza que sólo el explosivo proceso emancipador pudo disgregarla.

Centro de ese enorme conjunto era Buenos Aires, situada geográficamente al margen pero, de cualquier manera, su núcleo urbano más dinámico. Pero hacia 1776 Buenos Aires no era solamente la ciudad: ahora disponía de tierras circundantes como base de sustentación económica.

Se trataba de un semicírculo de pequeñas poblaciones originadas en fortines para impedir los malones, que correspondían a las actuales ciudades de San Antonio de Areco, Luján, Mercedes, Ranchos, Monte y Chascomús. Dentro de este cinturón de seguridad se afirmaba la creciente existencia de algunas estancias que significaban la definitiva clausura de la etapa de las vaquerías y el comienzo de una nueva técnica en el aprovechamiento del ganado vacuno a partir de su cría en espacios definidos, con aguadas fijas y un personal estable dedicado a su atención.

El cuero seguía siendo el único elemento aprovechable de la res. Las guerras que se sucedieron en Europa a partir de la independencia norteamericana requerían crecientes volúmenes de cuero: botas, correajes, fornituras, cartucheras, forros para soportes de vehículos, etc., todo se hacía con cuero y no había en el mundo, proveedor más importante de este artículo que el Río de la Plata. Pero ya empezaba a registrarse algún intento de explotar también la carne vacuna. Se dice que una ballenera norteamericana hizo conocer en Buenos Aires la técnica de la salazón. En 1784 ya funcionaba un saladero en las cercanías de la Colonia del Sacramento y hacia 1790 el conde de Liniers, hermano del futuro héroe de la Reconquista, solicitó licencia para instalar una fábrica de "pasta de carnes" que fracasó.

La nueva modalidad de trabajo rural señalaba el comienzo de un proceso cuya tendencia sería invariable durante los cien años siguientes: el avance hacia el sur de la frontera, es decir, la apetencia de nuevas tierras para cría de ganado. Naturalmente, en forma paralela crecían intereses cada vez más definidos, así como también estaba ya perfectamente definido el tipo del trabajador rural libre, el gaucho, especializado en los trabajos camperos, trashumante por exigencia de los ciclos ganaderos, acostumbrado a no tener un patrón estable y habituado al ejercicio de la sangre y las faenas brutas.

Al mismo tiempo, esta base productiva, por pequeña que fuera todavía, significaba que el papel de Buenos Aires empezaba a ampliarse a otros terrenos. Seguía siendo, más que nunca, la puerta de la tierra, el punto terminal de la ruta del Alto Perú, pero ahora cobraba más importancia en función de centro administrativo de un enorme conjunto territorial.

Con la nueva organización virreinal, la tradicional autoridad de los cabildos declinaba, y se agrandaba la concentración de poder en la capital. En 1783 se establece el régimen de gobernaciones-intendencias, regionalizaciones presididas por funcionarios que en los hechos actuaban como delegados del virrey. Las nuevas divisiones eran ocho: Paraguay, con capital en Asunción, que habiendo sido el foco primigenio de la conquista española en esta parte de América, se veía reducida ahora a un papel secundario; Potosí, cuya jurisdicción llegaba a los límites de Jujuy; La Paz; Cochabamba; Puno, sobre el Pacífico, que en 1796 volvió a jurisdicción limeña. En el actual territorio argentino había tres gobernaciones-intendencias: la de Buenos Aires, que abarcaba el espacio de la antigua gobernación más la Banda Oriental, donde residía un delegado del virrey, con la Colonia del Sacramento bajo la directa autoridad de este último; Córdoba del Tucumán, que regía a Mendoza, San Luis, San Juan y La Rioja como ciudades subalternas; y Salta del Tucumán, de la que dependían Tucumán, Santiago del Estero, Catamarca, Jujuy y Orán. La zona de las antiguas Misiones y las regiones de Mojos y Chiquitos, en la parte oriental del Alto Perú, dependían del virrey de modo directo.

Los nuevos poderes

Que el sistema de las gobernaciones-intendencias haya sido acertado o no, es tema que todavía discuten los historiadores. Lo que resulta indiscutible es el fenómeno que inevitablemente generó: las ciudades subalternas se sintieron disminuidas, expoliadas por las principales. ¿Por qué Santiago del Estero, madre de ciudades, sede de la Gobernación del Tucumán en el primer siglo de la conquista, tenía que sujetarse a los dictados de los vascos de Salta? ¿Por qué Mendoza, vinculada a Chile hasta poco antes, que aspiraba a agrupar en su derredor a Cuyo, debía subordinarse a los doctores cordobeses? O Santa Fe, con su larga tradición de lucha contra el indio y su amplio espacio hasta el río Uruguay, ¿por qué debía depender de Buenos Aires, con la que siempre había tenido disputas? Un germen de federalismo por reacción estaba depositándose en los intersticios de esta organización administrativa que era expresión del absolutismo borbónico en tanto tendía a cercenar facultades a los cabildos.

Mal o bien, de acuerdo con su personal capacidad, los gobernadores-intendentes trataron de allanar estos recelos. Pero uno de los saldos de estos sentimientos fue la función de autoridad final atribuida a Buenos Aires por las ciudades subalternas, cada vez que chocaban con el titular de su gobernación-intendencia. Si La Rioja tenía alguna queja contra Córdoba, difícilmente el pleito sería zanjado aquí según sus deseos; había que llevarlo entonces a Buenos Aires, donde no pesaban intereses locales y donde, además, no dejaba de cortarse las alas a los gobernadores-intendentes para que no se sintieran pequeños virreyes... De modo que en el cuarto de siglo que perduró el sistema, se fue profundizando una cierta idea de región por encima de la intuición provinciana que era propia de los cabildos, pero también un sentimiento de apego de las pequeñas ciudades hacia una Buenos Aires que podía ser correctora de los abusos de Salta o Córdoba, para limitarnos al actual territorio argentino. Sentimiento que, por supuesto, contribuyó a robustecer esa autoridad moral que ya tenía la ciudad del Plata, reforzada con su nueva condición de Corte y aumentada con el brillo de su vertiginosa prosperidad.

La memoria colectiva de los argentinos tiene muy fresco el recuerdo del *boom* de los últimos años del siglo pasado; no puede revivir un fenómeno similar ocurrido cien años antes en la ciudad porteña. A partir de 1776 Buenos Aires vio colmadas sus ambiciones más empinadas: capital virreinal, erección de la Aduana, instalación de la Audiencia, creación del Consulado, correos frecuentes con España y América. Y sobre todo, autorización para que las mercaderías que entraran por su puerto pudieran ser llevadas libremente a Chile y al Alto Perú (Auto de Libre Internación, 1777). Poco después, el Reglamento de Libre Comercio (1778) le permitió comerciar con varios puertos de la metrópoli y de América, completando las medidas destinadas no solamente a abrir lo más posible *la puerta de la tierra* sino a convertir a Buenos Aires en un puerto integrado a las corrientes dominantes del comercio mundial. Es de señalar que este propósito no se logró totalmente por los conflictos que complicaron a España: guerra con Gran Bretaña (1776-1783) en alianza con Francia, luego guerra contra Francia (1793-1795) y después, nuevamente aliada a Francia, la larga guerra contra Gran Bretaña que empezó en 1796 y virtualmente duró hasta que la invasión napoleónica a la península (1808) reunió los esfuerzos anglo-hispanos.

A pesar de estos sucesos, que en algunos momentos impidieron la llegada de naves al puerto, Buenos Aires prosperaba y se transformaba: empedrado, iluminación, teatro, colegio superior, plaza de toros, imprenta, alameda... Todo en medida poco espectacular pero dando la sensación de un dinamismo incesante. Fue por entonces cuando una significativa inmigración empezó a llegar: italianos y franceses –como los padres de Castelli, Belgrano o Pueyrredón– pero sobre todo jóvenes vascos, catalanes y andaluces, consignados a casas de comercio locales por sus corresponsales gaditanos. Algunos, como Martín de Álzaga, no sabían siquiera hablar castellano cuando desembarcaron... Venían con una tozuda voluntad de hacer fortuna y dejaban sus años en un trabajo que no conocía pausa ni descanso. Se casaban con muchachas criollas, descendientes de las viejas familias fundadoras ya venidas a menos, o con las hijas de sus principales para convertirse en socios. Diana Hernando Ling ha estudiado la trayectoria de 16 familias tradicionales porteñas y casi todas presentan el mismo argumento. En la edad madura, el inmigrante accedía a cargos capitulares; sus hijos serían héroes de la Independencia; sus nietos, enfiteutas.

Así se iba formando el sector dirigente de Buenos Aires, sobre bases que ignoraban las pautas sociales prevalecientes en el interior del Virreinato. Las familias tradicionales del antiguo Tucumán o de Santa Fe, Corrientes y Paraguay, provenían de los conquistadores y habían mantenido, con grandes esfuerzos, el lustre de sus linajes y la conciencia de constituir el núcleo primigenio de cada ciudad, "la sal de la tierra". Concolorcorvo cuenta que *"cierta mulatilla de Córdoba"* solía vestirse de un modo que no correspondía a su clase; las señoras le mandaron reconvenir y como no hizo caso, le tendieron una celada, la desnudaron y azotaron quemando sus galas, haciéndola vestir con las ropas que *"correspondían por su nacimiento"*. Deducía el listo caminante que los cordobeses *"son muy tenaces en observar las costumbres de sus antepasados"*.

Buenos Aires, en cambio, no había conocido encomiendas y sus habitantes no podían jactarse de linajes antañones. Habían cuerpeado demasiado tiempo la pobreza para marearse con humos aristocráticos. Bolicheros y contrabandistas aparecían en el primer ramaje de cualquier árbol genealógico y ahora, la sangre nueva de la península reforzaba el tono plebeyo, orgulloso de su honradez y laboriosidad, de que hacían gala los porteños más representativos. Un sentido igualitario campeaba en la futura clase media urbana, en perfecta afinidad con la actitud libre y suelta del poblador rural. ¡Casi podría decirse que los porteños eran los cuáqueros de América del Sur!

Relativa apertura del puerto, mejoras urbanas, progresiva extensión de las estancias y mayor significación de los estancieros, afirmación de los sectores vinculados a la burocracia y el comercio, progresivo control administrativo sobre el resto del Virreinato: todo esto y las realizaciones que se concretaban en el terreno institucional contribuía a que Buenos Aires tomara conciencia de su creciente poder y se dispusiera a defenderlo a toda costa.

Esta nueva actitud, que confinaba con el egoísmo, se notó en relación con Montevideo. Si Lima había sido "la madrastra" durante los primeros doscientos años porteños, ahora la ciudad de Zabala se revelaba como una inquietante competidora. Tenía mejor puerto que Buenos Aires (que no lo tenía en absoluto) y sus campos estaban libres de peligro de indios: hacia 1795, la exportación de cueros orientales tenía un volumen casi igual a los porteños. Ya para entonces los comerciantes montevideanos aspiraban a liberarse de la dependencia de sus colegas transplatinos. En memorial dirigido al Rey en 1799, denunciaban la *"tiranía y animadversión con que el mencionado tribunal* (el Consulado de Buenos Aires) *contempla nuestros progresos, ventajas y bienestar"*. Era la envidia –afirmaban– la que llevaba a Buenos Aires a usar todos los medios para oprimir al comercio montevideano.

La presentación fracasó pero en cambio triunfó, poco tiempo después, la oposición del Cabildo de Montevideo contra las pretensiones porteñas de imponer el puerto de Ensenada como el único del Río de la Plata. Y volvieron a ganar los de Montevideo cuando solicitaron la instalación de un faro en el cerro para prevenir los naufragios que ocurrían en el Banco Inglés; también esta vez se opusieron las autoridades porteñas pero por Real Orden se mandó construir el fanal, que empezó a funcionar en abril de 1802, siendo el primero que se instaló en el estuario.

Buenos Aires no desdeñaba convertirse en "madrastra", cuando sus intereses fundamentales eran amenazados...

Algo funciona mal

Éste fue uno de los momentos más brillantes de Buenos Aires, el que transcurre en la última década del siglo XVIII y el año estelar de 1806.

Sin embargo, mirando la cosa con perspectiva histórica, se advierte que algo empieza a andar mal en el correlato económico entre la capital y el resto del Virreinato. Mientras Buenos Aires vio restringida su función intermediadora, por el sistema monopolista, por las restricciones impuestas por Lima, por el agotamiento de sus rodeos vacunos, por guerras exteriores o por cualquier otro motivo, la anomalía no se percibía. Pero ahora que, a pesar de los conflictos con Gran Bretaña o Francia, la ciudad porteña asumía su papel histórico de *puerta de la tierra*, notábase que en la medida que la puerta se abriera demasiado, el resto del Virreinato padecía.

La política económica de Carlos III y su sucesor, en relación con América y especialmente con el Río de la Plata, intentaba establecer una vinculación de metrópoli a colonia. España protegía sus renacientes industrias y las colonias debían proveerla de materia prima barata. Así, se fomentaba en nuestro territorio el cultivo del algodón y el lino, pero no para ser hilado aquí sino en las fábricas catalanas; o se prohibía la plantación de viñas, olivos y tabaco para evitar la competencia a los vinos, aceites y cigarros españoles. Se esbozaba así una economía típicamente colonial cuyas líneas fueron muy definidas aunque el tiempo corto y las circunstancias políticas no permitieron concretarla totalmente. De todos modos, el fomento del comercio entre la península y América era estimulante de por sí, aunque era evidente que España carecía de poder industrial suficiente como para abastecer al enorme continente que administraba.

Pero restringido y todo, ese comercio significaba el decaimiento de las industrias del interior del Virreinato; del interior, porque en Buenos Aires no las había, por ausencia de cultivos industriales. Los aguardientes de Cuyo, los tejidos de La Rioja, Catamarca y Cochabamba no podían resistir la competencia de los que entraban por el puerto, así fueran elaborados en fábricas como las españolas, técnicamente muy rezagadas respecto de las inglesas. Pero he aquí que, cuando la guerra de España con

Gran Bretaña, que virtualmente y con breves intervalos se prolonga desde 1796 hasta 1808, el puerto ve entrar muy espaciadamente los navíos que lo abastecen, entonces florecen las actividades manufactureras del interior. Como los efectos importados desaparecen o cuestan muy caros, desde 1796 Cochabamba, Cuzco y Corrientes abastecen a Buenos Aires de lienzos y lanas, Tucumán envía arroz, Cuyo manda vino. Vicente Sierra recuerda que Lima proveía chocolate, paños de Quito y alhajas; Cuzco, bayetas, azúcar y frazadas; La Paz, coca y ropa; Moquegua, aguardiente, suelas y jabón. Como ocurriría en otras etapas de nuestra historia, una guerra exterior producía los efectos de una política proteccionista. Naturalmente, los comerciantes de Buenos Aires lamentaban sus magras entradas. Pero el interior revivía sus actividades tradicionales, en un nivel artesanal y doméstico en general, aunque de promisorio futuro.

En suma, algo funcionaba mal en el Virreinato desde que la prosperidad de Buenos Aires significaba la decadencia del interior y viceversa. En ese momento el fenómeno sólo puede registrarse con perspectiva histórica, pero en pocos años sería tan evidente que nadie podría desconocerlo. Y esta contradicción, atribuible a la particular geografía del Virreinato, con una única entrada sirviendo un enorme *hinterland*, marcaría una de las constantes del destino de Buenos Aires en la formación nacional.

Los tres poderes

Así discurriría para Buenos Aires la tercera década de su titularidad virreinal, cuando el desembarco de una fuerza invasora británica (junio de 1806) determinó un dramático giro en la evolución de los procesos de fondo que hasta ese momento se estaban desarrollando lentamente y sin mayor espectacularidad.

Al rendirse el ejército de Whitelocke (agosto de 1807) muchas cosas habían cambiado. Por de pronto, la "Muy Noble y Leal" había echado al representante del rey y elegido por aclamación al caudillo popular que la había conducido al triunfo. En segundo lugar, era innegable la sensación de que la metrópoli nada había hecho (ni podido hacer) para evitar la invasión o reconquistar Buenos Aires y Montevideo de manos de los intrusos: sólo el esfuerzo de los pobladores del Río de la Plata había logrado la victoria.

Sin profundizar estos aspectos, importantísimos para los hechos que se desenvolverían pocos años más tarde, hay que señalar otras dos consecuencias que se relacionan directamente con la posición de Buenos Aires en el Virreinato. Por de pronto, la autoridad moral que adquirió la ciudad porteña al vencer por sí misma el ataque inglés. La tarja de plata que le obsequió Potosí (actualmente en exhibición en el Cabildo de Buenos Aires) indica un sentimiento de admiración y respeto que desbordó el Virreinato y se proyectó a todo el continente. Desde ese momento, la ciudad porteña, como si reverdeciera los laureles obtenidos en 1680 al expugnar la Colonia del Sacramento, adquiere una eminencia que nada tiene que ver con su calidad de capital. Es un nuevo poder moral el que ha adquirido mediante el valor de su gente. Y si los propios habitantes no se escasean elogios, poemas y triunfos para alabar su propio valor, en el resto de Hispanoamérica todos, de uno u otro modo, se sienten partícipes de la gloria porteña.

Este poder moral no fue un concepto imponderable, metafísico. Adquirió un valor político concreto el 22 de mayo de 1810, cuando Buenos Aires reclamó, a través de los voceros criollos, su derecho de "hermana mayor" para llevar a cabo la cancelación del régimen virreinal, que afectaba a todo el conjunto de su jurisdicción.

La otra consecuencia se refiere a la aptitud militar de Buenos Aires. Hacia 1806 era una ciudad virtualmente indefensa. Durante los primeros años de la guerra de España con Gran Bretaña, los preparativos bélicos que se ensayaron hubieron de revelar una alarmante indefensión. La metrópoli proveía, teóricamente, de un Regimiento Fijo con personal enviado desde La Coruña, donde había permanentemente una "bandera" para enganchar reclutas con destino al Río de la Plata. Pero durante años no llegaban nuevos soldados y los del Fijo envejecían, desertaban o se dedicaban a actividades más lucrativas. La disparada de las milicias de Arce ante las bizarras tropas inglesas, frente al puente de Barracas, fue una consecuencia del deficiente aparato defensivo –extensivo, por otra parte, a toda América– que algunos virreyes denunciaron pero era imposible de remediar desde la península.

Cuando el último soldado inglés abandonó el Río de la Plata, Buenos Aires contaba con una docena de regimientos fogueados, disciplinados, con espíritu de cuerpo, bien armados y uniformados, dotados de una oficialidad inexperta pero entusiasta y orgullosa de la victoria lograda. El milagro había ocurrido llamando a las armas al vecindario después de la primera invasión inglesa, agrupándolo por regimientos formados en torno a sus regiones nativas, en España o América. Durante el desempeño de su gestión virreinal, Liniers se preocupó de que las tropas fueran pagadas puntualmente y se apoyó en los cuerpos oriundos del país. Éstos, en poco tiempo, se pusieron en una situación de superioridad respecto de los regimientos de origen peninsular, por una razón muy comprensible: para los soldados criollos, gente pobre en su mayoría, la ración y el salario no eran dones despreciables. En consecuencia, se esforzaban por cumplir a la perfección sus deberes militares, aprestos, maniobras, entrenamientos, y llegaron a convertirse en excelentes profesionales. Para los peninsulares, en cambio, dependientes de casas de comercio casi todos, las obligaciones castrenses representaban una molestia, una pérdida de tiempo. Bastarían dos años para que la superioridad de las armas criollas se manifestara decisivamente: fue en ocasión de la asonada de Álzaga, el 1° de enero de 1809, cuando los cuerpos españoles debieron dejar la Plaza de la Victoria en manos de patricios y arribeños. Meses más tarde el virrey Cisneros disolvía los regimientos peninsulares.

Lo cual significaba que Buenos Aires contaba, a partir de ese momento, con una fuerza militar propia. Temible, relativamente numerosa (y por ello costosa), con un fuerte apego por su tierra y por sus jefes, elegidos democráticamente al uso de las antiguas milicias españolas. La ciudad de tenderos y mercachifles disponía ahora de un eficiente aparato bélico.

Y esto completaba la concentración de los tres poderes que hicieron posible su éxito al producirse el movimiento de Mayo de 1810: el poder administrativo, el poder moral, el poder militar.

La ausencia de cualquiera de ellos hubiera llevado la Revolución al fracaso, como ocurrió en otras partes de América. El uso juicioso y oportuno de los tres garantizó el triunfo del movimiento iniciado por la ciudad porteña, hasta un punto que hizo muy difícil un eventual fracaso ulterior.

El poder administrativo que ejercía le permitió invocar la legitimidad de la autoridad que reemplazaba al virrey, comprometer la adhesión de los tímidos y castigar la rebeldía de los insumisos como Liniers.

El poder moral que investía le hizo posible hacer reconocer el derecho que asistía al Cabildo de Buenos Aires, un organismo meramente municipal, para imponer un cambio que afectaba a todo el Virreinato.

Y el poder militar que manejaba garantizó, con la fuerza de sus bayonetas, la aceptación del cambio político en la mayor parte de la jurisdicción virreinal, antes que Lima y Montevideo pudieran reaccionar.

Era un largo proceso, con raíces que se hundían en el pasado remoto, el que desembocaba ahora en esta inédita fuerza de Buenos Aires, que la ciudad porteña aplicaría a promover un gran emprendimiento continental. Pero también había un proceso de antigua data, más silencioso y escondido, que poco después se expresaría en un rabioso antagonismo entre Buenos Aires y el interior.

II. La hermana mayor

Ha dicho Ricardo Levene que en vísperas de 1810 Buenos Aires "escondía los fermentos revolucionarios más activos de Hispanoamérica". Así es, pero esta apreciación no debe solamente incluir esos poderes, morales y materiales, que se han señalado. Hay que destacar también el papel revulsivo que desempeñarían en el movimiento de Mayo el sector criollo, la clase media porteña y los intelectuales. Eran elementos que diferenciaban a Buenos Aires de otras ciudades del Virreinato, no por su existencia (también había criollos e intelectuales en otras) sino por sus especiales cualidades.

Criollos, burgueses, intelectuales

Los criollos porteños se distinguieron por una ambición de poder, una rebeldía y una versatilidad notables. Fueron criollos los que rodearon a Moreno y los que, a través de la Sociedad Patriótica, crearon algunos de los símbolos y consignas que darían una nueva dinámica a la Revolución, desde la Marcha Patriótica y la escarapela hasta la iniciativa de expulsar a todos los españoles de la ciudad. Había en ellos una impresionante vocación parricida, llevada hasta la crueldad, como las demostraciones de alegría que rodearon la ejecución de Álzaga, héroe de la Defensa un lustro atrás. Tulio Halperin Donghi, en "Revolución y Guerra" destaca las iniciativas de los criollos que irán radicalizando el proceso independentista en

Buenos Aires. Eran los jóvenes que antes de 1810 habían debido soportar el yugo del progenitor hispano, afectuoso sin duda pero sin duda fastidioso...

En el interior, en cambio, no se advierte la existencia de un sector criollo. Hay indicios de rebeldía en años anteriores a 1810, como el que anotan las actas capitulares de Santiago del Estero: un tal José Bravo de Rueda escandaliza una reunión del cabildo en 1789 gritando que *"sólo los hijos de España gobernaban estos parajes sin atender que los criollos y patricios eran más beneméritos"* y cuando el alcalde lo llama al orden –dice el acta– le contesta de una manera bien argentina: *"¡Vaya Vuestra Merced a la mierda!"*

Pero no hay en el interior, después de la Revolución de Mayo, grupos criollos que presionen políticamente, como en Buenos Aires. Tal vez los usos patriarcales del interior pesaban en la conducta de los criollos. Desde luego menudearon adhesiones a la causa emancipadora: son notorios los casos de Paz, Lamadrid, Bustos, Ibarra, Güemes y tantos otros. Pero estas individualidades no suplen la inexistencia de un movimiento colectivo de tono criollo.

Algo parecido ocurre con la clase media. Probablemente haya sido Buenos Aires la única ciudad hispanoamericana con una clase media bien definida, que dio el tono predominante a esta comunidad. Comerciantes y sus dependientes, burócratas, hacendados, clerecía menor, constituyen una ancha franja de la población urbana y le imprimen carácter a la ciudad portuaria. No hay en Buenos Aires títulos nobiliarios ni se aspira a ostentarlos. La clase media será el vehículo natural de un cambio como el que apareja el movimiento de Mayo, que implica la sustitución de las autoridades peninsulares, posibilidades de acceso a los cargos públicos y a los honores republicanos, liberalización del comercio, igualitarismo institucionalizado y una cierta participación de la opinión pública en las decisiones gubernativas. Ni Lima ni México tenían clase media y esta ausencia explica, entre otros factores, el retraso con que triunfó en esas regiones la causa emancipadora. La burguesía porteña, económicamente fuerte y con un peso que había ya sido reconocido en el siglo anterior, fue el medio lógico de aceleración del proceso revolucionario. En cambio, en las ciudades del interior del antiguo Virreinato, más aún en el Alto Perú que en el Tucumán, manejaban la cosa pública los descendientes de los linajes conquistadores sumados a los descendientes de los españoles que se habían incorporado posteriormente a la población, pero había un hueco, un vacío entre "la parte más sana y principal" y el pueblo común, esos habitantes sin derechos políticos como los paisanos pobres o los artesanos urbanos.

En cuanto a los intelectuales, en realidad deberíamos referirnos a los letrados, porque del grupo iniciador de la Revolución sólo Belgrano puede ser clasificado como un *homme de letres*, tal como surgió esta figura a lo largo del siglo XVIII. Fueron los letrados porteños quienes elaboraron las ideas de Rousseau y de los *philosophes*, los principios de la Revolución Norteamericana, las viejas concepciones de los jesuitas españoles y aun los preceptos del Derecho Foral peninsular, para construir sobre estos heterogéneos elementos, una base ideológica cuyos efectos fueron explosivos. Desde la Doctrina de la Retroversión hasta la justificación de la Independencia en 1816, todos los argumentos que acompañaron a los ejércitos patrios fueron repujados por estos letrados porteños de cuyos colegas peruanos se quejaría San Martín ante Bolívar doce años más tarde de 1810. Los letrados de Buenos Aires pusieron en palabras y razonamientos jurídicos las intuiciones que flotaban en la atmósfera de la época. Un conjunto profesional similar no existía en ningún punto del Virreinato, salvo en Chuquisaca, donde un año antes de la Revolución de Mayo había sido aplastado un intento precursor.

Mediante el ejercicio de los poderes que había adquirido, a través de sectores y grupos que en su seno operaban, sólo Buenos Aires, en suma, pudo lanzarse a la aventura de encabezar la empresa emancipadora. Fue en la ciudad porteña donde el apoyo a la causa patriota se mantuvo firme y tenso a lo largo de todo el proceso bélico; de aquí salieron los dineros que solventaron la empresa, muchos de los jefes y soldados que la llevaron a la victoria, las ideas de que se revestirían y los agentes que habrían de prestigiarla en Europa.

No fue escaso mérito. Una historiografía simplista describe al ideal de Mayo arrastrando de entrada a los pueblos del antiguo Virreinato. No fue así. En Córdoba no solamente se esbozó una contrarrevolución sino que hasta 1816 existían elementos que esperaban un vuelco del frente norte para manifestarse; las mujeres que se mantenían fieles a la causa realista se peinaban de determinada manera para expresar sus sentimientos, documenta el P. Juan Grenón. En Salta, el reconocimiento de la Junta se discutió bastante. En Mendoza hubo una asonada contrarrevolucionaria que debió ser sofocada y sus autores sufrieron una larga prisión. En algunas ciudades subalternas se notó una evidente reticencia para reconocer la Junta. El Paraguay se declaró neutral y siguió neutral hasta el fin de la guerra. Montevideo hostilizó activamente a Buenos Aires a través de su flota y mantuvo una enconada resistencia hasta 1814. El Alto Perú, ganado a la causa patriota por acción de la Expedición Auxiliadora, cuando fue reconquistado por las tropas limeñas no ocultó, en todos los niveles de su población, su antipatía por la Revolución –o al menos, por sus representantes– y en esa tesitura quedó hasta 1825.

Pero ni las hostilidades de unos ni la frialdad de otros afectó la adhesión del pueblo de Buenos Aires al ideal emancipador, hasta que la fuerza de las cosas fue nivelando un sentimiento generalizado de apoyo a la Revolución en lo que quedaba del antiguo conjunto virreinal bajo el mando de los gobiernos patrios.

Parecería que esta constancia debía hacer acreedora a la ciudad porteña de un renovado respeto y afecto por parte de los pueblos de su jurisdicción. No fue así. El proceso se dio de tal modo y a través de fatalidades tales, que conllevó la desconfianza, la disidencia y aun el odio de las regiones interiores (que empezaron a denominarse provincias poco después de la Revolución) paralelamente a la profundización de diferencias y rivalidades que preexistían y ahora, paradójicamente, se acentuarían de manera trágica.

El puerto abierto

El deterioro de la antigua solidaridad entre Buenos Aires y el interior en esos primeros años de la Revolución fue un proceso fatal. Algunas imprudencias cometidas en ambas partes pueden haberlo acelerado o agravado, pero era indetenible. Porque respondía a factores humanos, políticos, económicos y geográficos que no podían modificarse fácilmente. En realidad, las raíces del distanciamiento venían desde la cualidad básica y esencial de Buenos Aires: era, siempre había sido, la puerta de la tierra.

Y ninguna puerta se fabrica para estar siempre cerrada... La tradicional función intermediadora de Buenos Aires, activada por el proceso emancipador, reveló su antagonismo con los intereses y sentimientos del país interior.

El resultado fue desintegrador. Diez años después de la Revolución de Mayo ponía en peligro la existencia misma del país recién inaugurado.

Por varios andariveles transcurrió la creciente separación. Uno de ellos fue el económico.

Ya en 1809 se había evidenciado que el interés del puerto no coincidía con el del resto del Virreinato, algo que ya se intuía pero ahora se explicó clara y públicamente.

Ante el pedido de unos comerciantes ingleses para introducir sus efectos en Buenos Aires, el virrey Cisneros pidió opinión a varios funcionarios. Algunas de ellas fueron lapidarias. El síndico del Consulado dijo que era una temeridad *"querer equilibrar la industria americana con la inglesa; estos sagaces maquinistas nos han traído ya ponchos, que es un principal ramo de la industria cordobesa y santiagueña y también... estribos, algodones que a más de ser superiores a nuestros pañetes, zapallangas, bayetones y lienzos de Cochabamba, los pueden dar más baratos y por consiguiente arruinarán enteramente nuestras fábricas y reducirán a la indigencia a una multitud innumerable de hombres y mujeres que se mantienen con hilados y tejidos..."* Admitía que *"la plebe"* deseaba este tráfico porque compraría más barato los géneros, pero destacaba que la felicidad de un pueblo no puede radicar en la baratura de las telas *"sino en el incremento que pueden tomar los frutos del país"*. También el apoderado del comercio de Cádiz (interesado en su dictamen pero veraz) señaló idénticos perjuicios: *"serán siempre referidas las manufacturas de lana ordinaria que los ingleses sabrán traer... "*

Cisneros cedió a la demanda de los comerciantes, urgido por angustias fiscales, pero su Reglamento (diciembre de 1809) incluía una serie de prevenciones para evitar la invasión de productos importados. Estas normas no se cumplieron y el virrey decretó severas medidas para castigar a los infractores, que no alcanzaron a ejecutarse. Pero la Aduana recaudó buenas sumas: Mitre contaría, medio siglo más tarde, que hubo que reforzar la tirantería del edificio, tan grande era el depósito de dinero cobrado, exageración que recuerda otra similar dicha hacia 1948... La recaudación aduanera sirvió a la Junta para salvar las primeras urgencias de la Revolución. Cantidad de mercaderías se ofrecían en los comercios y los consignatarios, españoles y criollos, que los importadores debían tener, llenaron sus bolsillos. Pero estaba dicho lo que estaba dicho: a mayor importación por Buenos Aires, más dificultades en la elaboración de las producciones nativas del interior.

El problema se acentuó a lo largo de los gobiernos sucesivos. La política comercial del régimen revolucionario se veía condicionada por varios factores: en primer lugar, la desesperada necesidad de recaudar fondos para solventar el esfuerzo bélico. En segundo, la conveniencia de mostrarse benévolos con el comercio británico para asegurar una buena imagen en Gran Bretaña y obtener un apoyo que parecía vital a los insurgentes. Pero a poco andar se advierte que, además de la retracción de la producción vernácula, hay una copiosa evasión de dinero metálico. Los ingleses compraban cueros, es cierto, pero las mercaderías que vendían inclinaban la balanza a su favor y esto significaba muchos patacones que se iban. A lo que hay que agregar la pérdida del Alto Perú (que a partir de 1811 sólo vuelve por pocos meses a poder patriota) incluyendo la Ceca de Potosí donde se acuñaba el dinero que circulaba en el Virreinato.

Es imposible seguir aquí las alternativas de la política económica de la primera década de vida independiente; Carlos S. A. Segreti y José M. Mariluz Urquijo lo han hecho prolijamente. Puede decirse, para resumir este complejo proceso, que tanto la Junta como los triunviratos y el Directorio comprendieron perfectamente el daño que infligía a las pequeñas industrias del interior esa política de puerto abierto. Pero sólo pudieron hacer alguna que otra excepción, por ejemplo con la activa industria de fabricación de sombreros, en Buenos Aires. Las necesidades políticas y bélicas eran superiores a cualquier consideración.

En pocos años las regiones interiores se vieron invadidas de manufacturas británicas. Comerciantes ingleses las recorrían permanentemente o enviaban sus efectos a corresponsales radicados en todos lados. Pronto se definiría el panorama que Woodbine Parish habría de describir en la década de 1830: *"En la población del campo, sobre todo, las manufacturas de Gran Bretaña han llegado a ser artículos de primera necesidad. El gaucho anda todo cubierto de ellas. Tomad todos sus arreos, examinad todo su traje y lo que no está hecho de cuero es de fabricación inglesa. El vestido de su mujer sale también de los talleres de Manchester; la olla en que prepara su comida, los platos en que la toma, el cuchillo, el poncho, las espuelas, el freno... todo viene de Inglaterra ".*

Naturalmente no se concretó esto en semanas o meses, pero un lustro después de 1810 ya se notaban los efectos negativos del puerto abierto. Es cierto, era la política que permitía a Buenos Aires sostener el esfuerzo emancipador. Pero esta política tenía anverso y reverso: beneficiaba notoriamente a un grupo de porteños, testaferros o socios de los importadores extranjeros, comerciantes al por mayor y menor, financistas que lucraban con los apremios fiscales, transportistas, acopiadores. Por estos años empezaban a funcionar los primeros saladeros, que elaboraban carne vacuna seca, completando el tradicional rubro de la corambre con destino de exportación; obviamente, estos hacendados industriales eran los interlocutores naturales de los sectores vinculados a la importación.

La política

Pero el terreno sobre el cual se fueron sucediendo las fricciones más espectaculares fue el político-institucional. Buenos Aires, al deponer al virrey, se consideró heredera de sus poderes. Lo era, ciertamente, pero los pueblos esperaban compartirlos con la antigua capital virreinal. *"La Provincia Oriental no pelea por el restablecimiento de la tiranía de Buenos Aires"*, decía Artigas, cortante en 1813. Sin embargo, salvo un breve intento de hacer participar al vecindario de las ciudades que eran sedes de gobernaciones-intendencias y en las subalternas (febrero 1811), el manejo del poder en el interior, ejercido por Buenos Aires, no se diferenció mucho del de los funcionarios coloniales. De aquí salieron los nuevos gobernadores-intendentes, se quitaron cabildos desafectos y se nombraron otros, se castigó y premió, se digitaron diputados a las asambleas, se aprobaron o rechazaron sus diplomas. Más grave aún, en Buenos Aires y por facciones exclusivamente locales se designaron gobiernos nacionales o se los removió, como si el cabildo porteño siguiera actuando en la función de *hermana mayor* que había reclamado en 1810.

¿Necesidades políticas? Acaso: las exigencias de la guerra requerían mano dura y conducción unificada. Pero la sensación que crecía fuera de Buenos Aires era que todo el esfuerzo se estaba haciendo para cambiar una metrópoli por otra. Las regiones que alimentaban viejos agravios, como la Banda Oriental, lo pensaron y dijeron con todas las letras. Las instrucciones de los representantes tucumanos a la Asamblea del Año XIII prescribían que *"los diputados pedirán que la Asamblea se haga precisa e indispensablemente fuera de Buenos Aires, para que las deliberaciones tengan todo el carácter de libertad que corresponde"*. Las instrucciones de los jujeños establecían que *"deben quedar excluidos de toda intervención en la Asamblea, el Gobierno Superior y el Excelentísimo Cabildo* (de Buenos Aires) *y el cuerpo trasladarse a otro lugar conveniente"*. Las de Artigas a los delegados orientales marcaban que *"precisa e indispensablemente sea fuera de Buenos Aires donde resida el sitio del Gobierno de las Provincias Unidas"*.

Las travesuras de algunos oficiales porteños en el Alto Perú, la malhadada expedición de Belgrano al Paraguay, las intrigas de Sarratea en la Banda Oriental, las torpezas cometidas en las relaciones con Artigas, las expediciones directoriales contra Santa Fe y Entre Ríos, el desinterés de Buenos Aires frente a la ocupación portuguesa de Montevideo (1820), estos hechos y otros similares fueron desvaneciendo el antiguo sentimiento de admiración por la ciudad porteña entre los pueblos del interior. La Doctrina de la Retroversión, lanzada por Castelli en 1810, ahora era usada para justificar el rechazo al "despotismo de Buenos Aires". Cuando el Congreso que declaró la Independencia en Tucumán resolvió trasladarse a Buenos Aires (noviembre 1816) pareció que esta mudanza hacía ilusoria la última esperanza de establecer un poder mejor compartido. No está de más recordar la despectiva mención que hizo, años después, Anchorena, diputado por Buenos Aires, sobre los *cuicos*, delegados altoperuanos, cuando Belgrano lanzó la idea de una monarquía incaica: absurda o no, la iniciativa era una galantería a las comarcas de raíz indígena y esto alborozaba a los delegados arribeños con una alegría que Anchorena no podía comprender, puesto que para ellos era la primera vez, en seis años, que se tenía en cuenta al interior profundo.

Abstracción hecha de la buena o mala fe de los dirigentes porteños, de su ambición o desinterés, lo real era que Buenos Aires no quería o no podía desprenderse de su tradición de centro administrativo. Si desde el principio y mucho más desde 1776, todo lo que ocurría en la amplísima jurisdicción rioplatense era resuelto desde Buenos Aires, ¿por qué cambiar las cosas?, se dirían. Aquí estaba la experiencia, la inteligencia, los medios económicos. La ciudad que fuera virreinal se sentía responsable de sus antiguos dominios y cada disidencia la calificaba como una traición. Por otra parte, la vigencia popular de Artigas y Güemes y su imaginación para hacer la guerra inquietaba a los porteños bienpensantes: eso era anarquía, demagogia... ¡Dar las tierras confiscadas a los españoles en beneficio de los gauchos pobres! ¡Proteger a los paisanos con un "fuero" que los liberaba de arrendamientos y gabelas! Entonces el tono de la opinión porteña trasladaba su respeto a la autoridad y lo iba convirtiendo en conservadurismo. Y hasta en monarquismo... Finalmente, el paso de Corte virreinal a Corte real, no era tan difícil de salvar... Las intrigas monarquistas no escandalizaron a la opinión pública porteña, aunque sí a los hombres fuertes del litoral, representativos de ese innato igualitarismo que distinguía a los pobladores de la campaña rioplatense; por lo mismo, tampoco conmovió mucho a los burgueses porteños el abandono de la Banda Oriental ya que en su criterio era mejor tener por vecino el orden lusitano que el caos artiguista. De este modo, a diez años de la Revolución de Mayo, Buenos Aires había resignado progresivamente algunos de sus más convocantes ideales. Y aunque estuviera satisfecha de sí misma y de los resultados del proceso emancipador, había perdido la virtud que le permitió reunir a los pueblos del antiguo Virreinato, una década atrás, para emprender entre todos la aventura de la libertad.

La idolatría de Buenos Aires

Los procesos económicos y políticos que hemos sintetizado, con ser gravemente dañinos para la unidad de las Provincias Unidas, no lo fueron tanto como la imprudente exaltación de Buenos Aires, que en aquellos años se convirtió en un culto tendiente a identificar lo patriótico con lo porteño. Era "la Atenas del Plata", la "Gran Capital del Sud" frente a cuya aparición en el mundo debía callar Esparta su virtud y Roma su grandeza... Con toda naturalidad esta idolatría se trasladaba a los habitantes de la ciudad signada por el destino como cuna de la Revolución. Hay que reconocer, en descargo de los porteños, que a veces eran los propios realistas quienes se encargaban de loar sus cualidades: el general Pezuela escribía al virrey Abascal en 1813 elogiando a las tropas de Buenos Aires, que *"es menester confesarlo, tienen una disciplina, una instrucción y un aire y despejo natural como si fueran francesas"*. Cuatro años más tarde, Pezuela, ahora virrey del Perú, escribía al general Osorio advirtiéndole sobre *"el genio activo y naturalmente emprendedor de los porteños".*

Los extranjeros, sobre todo los ingleses, eran los más entusiastas propagandistas de las cualidades de los porteños. La simpatía de los británicos por los habitantes del Río de la Plata venía desde los episodios de 1806-1807: habían sido vencidos pero fueron tratados decentemente, con caballerosidad y sin odio. Así lo habían testimoniado algunos de los protagonistas. Más tarde, serían los mercaderes del mismo país quienes elogiarían las virtudes de los habitantes de Buenos Aires, libres ya del yugo español. Hay un montón de citas que afirman lo dicho. Sólo se transcriben dos: *"Los caballeros de Buenos Aires... son valientes, liberales y desinteresados"*, dice Samuel Haigh en *Sketches of Buenos Ayres, Chile & Perú* (Londres, 1831). Agrega que son un tanto vanidosos, lo que a su criterio es excusable, pues ninguna provincia sudamericana ha hecho más por la destrucción del poder español. Y señala que *"son superiores en talento e ilustración a los habitantes de las otras repúblicas"*, superioridad a la que atribuye la animadversión que generalmente se les tiene. Woodbine Parish, por su parte, al contar su llegada a la ciudad porteña, dice que le llamó la atención *"el aire de independencia de las gentes"*, en contraste con la miseria y esclavitud de Río de Janeiro.

Probablemente no eran elogios desmedidos. Las crónicas de la época dan cuenta de una intensa modificación de la mentalidad de la población porteña en los primeros años de la Revolución. Todos se politizaban, hasta los chicos. Mirábase con orgullo la ciudad a la que no habían podido tocar siquiera los portugueses, los ingleses y los españoles: estos últimos, a lo largo de la guerra, sólo pudieron disparar desde sus buques algunas balas de cañón que no asustaron ni a las lavanderas de la ribera... Se exaltaba el oficio de Marte y se celebraba con unción y auténtica alegría el aniversario de Mayo. El contacto abierto con los numerosos extranjeros que se radicaron desde 1810 en la ciudad, transformaba también las costumbres, relegando la complicada cortesía hispánica por modos más sueltos: los porteños aprendieron a dar la mano en vez de hacerse zalemas y reverencias, se acostumbraron a usar pantalón a la manera inglesa archivando el calzón corto y los zapatos con hebilla, tomaron té y frugalizaron las comidas. Se sentían diferentes.

En ocasiones este orgullo tendía a resbalar hacia el cinismo. No hay que olvidar que el derrocamiento del virrey se había efectuado en nombre de Fernando VII y para conservar sus derechos. Todos sabían que esta fórmula era falsa y se caminaba hacia la independencia, pero su reiteración, aun formal, establecía un desencuentro entre lo que públicamente se decía y lo que se proclamaba en privado, pues nadie esperaba que el Deseado volviera alguna vez al trono. En Buenos Aires siempre se había hecho contrabando: ahora se quería contrabandear una revolución... Cierto oportunismo reemplazaba, en la mentalidad media, la vigencia de las antiguas virtudes. Cuando Alvear tomó Montevideo en flagrante violación del convenio firmado con los realistas sitiados, nadie se escandalizó de su perjurio; por el contrario, una de las poesías que se le dedicaron exaltaba *"tu viveza y talento"* y *"tu astuta y valiente mano"*.

Seguramente no era excesivo el orgullo de los habitantes de "la Gran Capital del Sud". Pero molestaba a otros argentinos, que se sentían marginados de un patriotismo aparentemente exclusivo. Pedro Ferré, aludiendo a años un poco posteriores pero similares en esta característica, recordaba en su *Memoria* que *"es preciso conocer el valor de la palabra Provinciano entre nosotros. Se aplica en*

Buenos Aires a todo aquel natural de nuestra República que no ha nacido en Buenos Aires; que no da a esta ciudad el título de Gran Capital y que se opone a que lo sea. De poco tiempo a esta parte he observado que los naturales de Buenos Aires se llaman, ellos exclusivamente, argentinos".

Pero por sobre todas las cosas, lo que acontecía era una clara dualidad en la manera de vivir las alternativas de la guerra. Buenos Aires vivió el proceso de la emancipación como una excitante e incruenta aventura, que hasta podía aparejar prosperidad y progreso. Para los habitantes del interior, en cambio, la Revolución acarreó devastación. Una grave fractura debía estar produciéndose en la incipiente nacionalidad, cuando la empresa común generaba efectos tan diferentes. En muy poco tiempo, nadie dejó de advertirlo.

La guerra en el interior

La economía del antiguo Tucumán se había basado en el tráfico con el Alto Perú. De aquí se mandaban mulas, vino, aguardiente, ciertos tejidos, frutas secas, tabaco y yerba. Estos bienes se cambiaban, generalmente, en las ferias anuales de Salta, por los buenos pesos de plata que traían "los de arriba" y la inyección de metálico circulaba por el Tucumán, Córdoba, Santa Fe y Buenos Aires. A partir del desastre de Huaqui el comercio altoperuano se interrumpió. Escaseó entonces la moneda y paralelamente a la iliquidez aparecieron bonos, vales y falsificaciones. Los frutos elaborados y las mulas no tenían comprador: había quedado mutilado el mercado tradicional.

En el interior, la guerra se vivía de cerca: en Jujuy, en Salta, en Tucumán. Las bajas debieron ser proporcionalmente cuantiosas, porque abundan los documentos de viudas y huérfanos que en esos años solicitan ayuda del Estado por haber quedado en la miseria: el padre, el marido, había muerto *"sirviendo a la Patria"*, sobre todo en Salta y Jujuy. Muchos brazos se sustraían al trabajo, allí y en otros distritos, para sumarse al esfuerzo bélico; La Rioja y Catamarca envían constantemente a sus muchachos al Ejército del Norte y al de los Andes. Por otra parte, en la medida que la guerra estaba cercana, endurecíase el trato a desafectos o sospechosos. Son constantes las exacciones a vecinos españoles, algunos de ellos volcados sinceramente a la causa patriota. *"Escandaliza, señor Gobernador, que un individuo de la clase enemiga de nuestro sistema, al sexto año de la libertad americana, ataque impunemente sus derechos."* ¿Cuál era el ataque del que era culpable don Manuel Posse, gallego, radicado en Tucumán, que merece este exabrupto? Pedir que se le devuelvan $ 3.000 que ha prestado al gobierno... *"A ninguno de los otros prestamistas de menos fortuna que el exponente se le han devuelto los empréstitos que verificaron en las necesidades de la Patria, ¿y por qué pues querrá ser privilegiado el señor Posse?"* Reclutas forzosas, requisiciones, donaciones voluntarias o no, mordiscos a las pequeñas fortunas inquietaban a todos.

Las modificaciones en la mentalidad y los hábitos, que Buenos Aires asumió alegremente, en el interior golpearon estructuras familiares más conservadoras y tradicionales. Finalmente, hay que computar el decaimiento de esas artesanías que formaban la base de la moderada prosperidad del interior; aquí debe haberse sentido como en ningún otro sector, el impacto de los cambios sobrevenidos desde la Revolución. Cabe que no se haya percibido en un primer momento, porque la dinámica misma de la guerra habrá activado momentáneamente las manufacturas próximas al teatro de operaciones para proveer a los ejércitos patriotas. Pero el efecto debe haber sido acusado a la larga, y no habrá sido un motivo de satisfacción para el interior el conocimiento de lo que estaba ocurriendo en el puerto, mientras en las regiones mediterránea y norte el proceso de empobrecimiento se acentuaba.

Con su franqueza y lucidez habituales, Mariquita Sánchez afirmaba en 1854: *"Yo he conocido a estas pobres provincias, ricas, más industriosas que Buenos Aires. La Independencia ha sido para ellas la ruina"*. Una ruina que para Buenos Aires era prosperidad.

La fractura agrietó rápidamente el antiguo edificio borbónico. Y en 1820, todo se derrumbó.

El redituable aislamiento

La sublevación del Ejército del Norte en Arequito (enero 1820) que privó al Directorio de su única fuerza, fue en buena medida el desquite del interior contra la conducción porteña: su larga radicación en las provincias norteñas le había permitido percibir los agravios de esta comarca contra la conducción central. Un mes más tarde la batalla de Cepeda derrocaba al Directorio y provocaba la disolución del Congreso, que un par de meses antes todavía estaba soñando con importar un príncipe de Europa... De este modo, las grandes regiones de lo que quedaba del antiguo Virreinato planteaban su disidencia armada contra la ciudad porteña. No para cancelar el vínculo nacional sino para ensayar un replanteo del poder, sobre bases federalistas.

Esto no se entendió en Buenos Aires. *"Los federalistas quieren no sólo que Buenos Aires no sea la Capital, sino que, como perteneciente a todos los pueblos, divida con ellos su armamento, los derechos de aduana y demás rentas generales; en una palabra, que se establezca una igualdad física entre Buenos Aires y las demás provincias, corrigiendo los consejos de una naturaleza que nos ha dado un puerto y unos campos, un clima y otras circunstancias que lo han hecho físicamente superior a otros pueblos..."* decía la "Gazeta de Buenos Ayres" un mes y medio antes del derrumbe de Cepeda. Y agregaba el diario que los federalistas querían una perfecta igualdad, comparable a la que quiere el perezoso cuando aspira a tener idénticas riquezas que el laborioso o el analfabeto cuando desea disfrutar los empleos del que ha estudiado *"y hasta el de cierta estatura, que no se eleve más sobre la tierra el que la tiene mayor".*

La derrota puso a los porteños, de un día para otro, frente a la crudeza de una guerra que nunca habían visto de cerca. Pero los que se venían sobre la ciudad en plan de saqueo no eran los españoles, primos hermanos al fin, ni menos los gallardos ingleses o los caballerescos portugueses: eran los bárbaros que caían sobre la grandeza de Roma y la virtud de Esparta... Los caballos de Ramírez y López atados a la verja de la Pirámide de Mayo, compusieron una imagen que quedó marcada a fuego en la memoria de los porteños. *"La gran ciudad de Buenos Aires, después de tantas glorias y nombre inmortal que adquirió –anotaba Antonio Luis Beruti en su prolijo diario, publicado muchos años después con el título de Memorias curiosas–, ha venido a quedar reducida a un gobierno de provincia, perdiendo la primacía que obtenía de capital y corte de las provincias de la Unión. Llegando a tal su infelicidad, que un ejército que se nombra federado, compuesto de mil y más hombres mal armados, de un triste pueblo como Santa Fe, lo ha hecho ceder..."*

Buenos Aires se sentía humillada y reaccionaba mirando todo lo que no fuera porteño con desprecio. Y el interior pagaba con idéntica moneda: Buenos Aires había traicionado su confianza.

En febrero de 1820, casi el mismo día de la batalla de Cepeda, el cordobés Bustos, ignorante del suceso, enviaba una circular a sus colegas gobernadores de las otras provincias para convocarlos a un congreso general. El contenido de su nota resumía el cargo que lanzara Artigas nueve años antes y sería retomado por el interior durante muchas décadas: *"Las facciones que se han alternado en Buenos Aires desde el 25 de Mayo del 810 se creyeron sucesoras legítimas del trono español respecto de nosotros y con un derecho ilimitado para mandarnos sin escuchar jamás nuestra voluntad"*. Pocas veces, en el curso de las tempestuosas relaciones entre Buenos Aires y el resto del país, se habrán dicho en tan pocas palabras los agravios que rumiaban las provincias contra "la hermana mayor"...

Pero después del afligente Año XX con su sucesión de revoluciones, motines e invasiones, establecido un *statu quo* con Santa Fe y Entre Ríos (Tratado del Pilar) y marginado Artigas por sus sucesivas derrotas, ordenados los problemas internos más urgentes y restablecido el orden, Buenos Aires empieza a descubrir las delicias del aislamiento. Su flamante condición de provincia, una entre las trece que integraban la fluida unión, resultaba ser altamente redituable. Y la cosa era bien simple.

Entre 1810 y 1820, la autoridad residente en la ciudad porteña, fuera cual fuese su estructura, tenía carácter nacional. Debía explicar, bien o mal, sus decisiones, que afectaban a todo el conjunto. Los ingresos de la Aduana, única recaudación fiscal importante, debían gastarse en rubros de interés general, en primer lugar la guerra por la

Independencia. Y si mandaba sobre todas las provincias, también estaba sujeta y condicionada a las disidencias u oposiciones que se formaran en ellas. En cambio, ahora el gobierno de Buenos Aires estaba libre de toda obligación nacional. Sus rentas se invertían localmente, los debates sobre las decisiones a adoptar se llevaban a cabo en la Legislatura y no en congresos generales. Nada tenía que ver y nada quería saber con aquellos pueblos a quienes había lanzado a la emancipación y que, sin embargo, ingratamente, se habían vuelto contra su conducción...

El gobierno bonaerense, inspirado por Rivadavia, se complació en el aislamiento y demostró que la provincia podía ser administrada mejor cuanto menores fueran las vinculaciones con el resto. *"En todo se ve un espíritu de aislamiento, un egoísmo, por decirlo así, que ha de ser muy perjudicial a los intereses del país. Parece que estos señores no ven en todo el mundo más que a Buenos Aires"* comentaba un diplomático ecuatoriano a O'Higgins, en carta escrita en 1822. Este mismo año, San Martín, apurado por su situación en Lima, manda un enviado a las provincias argentinas pidiéndoles ayuda. Todas comprometen su esfuerzo pero están arruinadas: si Buenos Aires pone el dinero suficiente, los pueblos del interior renovarán su esfuerzo para concluir la guerra en América. Pero Buenos Aires niega todo auxilio. El "espíritu de aislamiento" ha reemplazado el impulso de Mayo, en la Atenas del Plata... Y los porteños se complacen en apreciar la nueva iluminación de las calles o en vaticinar éxito a la recién instalada universidad.

La propia realidad porteña había cambiado. Hasta 1815, aproximadamente, Buenos Aires era la ciudad y su pequeño cinturón de estancias. Desde entonces, una realidad rural empieza a expresarse políticamente, cada vez con mayor fuerza. Los intereses formados alrededor de los hacendados y los dueños de saladeros –en muchos casos las mismas personas– integran una fuerza que exige paz, orden y estabilidad, presiona para que se ganen nuevas tierras al sur del río Salado y apoya el mantenimiento de la apertura comercial al exterior. Lo primero es básico para el progreso de los negocios; lo segundo, para ampliar sus propiedades; lo tercero para hacer fluido el intercambio con el exterior y engrosar las exportaciones de carne salada. Estos anhelos combinan con los de los sectores urbanos vinculados a la importación y las finanzas, y coinciden con la tradición intermediadora de la ciudad porteña, que ahora no tiene motivos para cuidar industrias ajenas. En 1820 serán las milicias rurales pagadas por Rosas, el más grande estanciero y saladerista, las que pongan orden en la ciudad: se ha concretado una alianza entre la urbe y la campaña, entre lo porteño y lo bonaerense. El crecimiento de cada elemento es indispensable al otro. Por otra parte, uno y otro sector está integrado por el mismo tipo humano. Y este "partido del orden", sin mayores preocupaciones ideológicas, apoyará a Rivadavia mientras sea éste quien garantice la estabilidad pero también será la base de sustentación de Rosas, años después, cuando el experimento unitario evidencie su fracaso.

Éstos serán los grupos que se beneficiarán con la enfiteusis rivadaviana, convirtiéndose en propietarios de enormes extensiones por sumas irrisorias; los mismos que se vincularán a los negociantes británicos que ya constituían una colonia poderosa –cuyos principales personajes integran los directorios del Banco y de sociedades diversas. A esta altura era tan gravitante la influencia de los hombres de negocios británicos, que el cónsul norteamericano escribía a su gobierno en 1824 advirtiendo que, de continuar las cosas en esa dirección, pronto Buenos Aires sería una colonia inglesa.

Entre tanto, en el interior empezaba a percibirse que el derrocamiento del gobierno central y la erección de Buenos Aires como provincia no significaba la conclusión de los problemas. Al contrario, la inexistencia de un poder central sustraía un arbitraje y una conducción que ya se demostraban como indispensables. Para desempeñar sus funciones, los gobiernos provinciales debieron crear impuestos de ínfima recaudación que obstaculizaban el tráfico y eran fuentes de conflictos entre las jurisdicciones.

Por otra parte, quedaba ahora patente que la Aduana de Buenos Aires, funcionando como regulador de importaciones, sólo beneficiaba a la provincia porteña. Así se quejaba en 1825 un diario mendocino: *"A pesar que Buenos Aires declama tanto contra las restricciones, no se ha descuidado en cargar en los impuestos a la introducción de sombreros en protección de sus fábricas; ha calculado muy bien cuánto cuesta a los extranjeros un sombrero puesto en la plaza de Buenos Aires, y cuánto cuesta en su fábrica, y dejando lugar a una moderada ganancia ha graduado los impuestos. Esta es una medida justa y aunque no es conforme a las reglas de los economistas nadie se ha agraviado. Hoy nos cuesta un sombrero en el mercado ocho pesos cuando antes de esos impuestos lo teníamos por cinco, y lo pagamos muy gustosos porque esa diferencia que ocasionan los nuevos impuestos es en protección de las fábricas de una de las provincias hermanas, y porque de otro modo no se puede inclinar la balanza en favor del comercio del país. ¿Por qué, pues, Buenos Aires no tiene esa misma consideración a las provincias? ¿No somos hermanos? ¿No tenemos derecho a una misma herencia? ¿No pertenecemos a una misma Patria? ¿No estamos identificados por unas mismas costumbres, y recíprocamente unidos por unas mismas leyes, un mismo idioma y una misma religión? ¿Es posible que vínculos tan fuertes hayan de despedazar el interés particular? Lo que Buenos Aires hace para sí, haga para sus hermanos y compañeros inseparables de una misma causa. No le exigimos otra cosa que la combinación de los intereses locales sin perjuicio de alguno de los suyos".*

El problema era éste: la explosión federal del Año XX había liberado a las antiguas ciudades subalternas de la sujeción de las gobernaciones-intendencias, y a todas del yugo de Buenos Aires. Pero, ¿eran viables las nuevas creaciones? ¿Podían ser autónomas? Bustos, promotor de la sublevación de Arequito y ahora gobernador de Córdoba, manifestaba sus dudas al filo mismo de los sucesos, en 1820. *"La libertad de los pequeños distritos me parece una farsa. Si nosotros, por evadirnos de la opresión que había declarado hacia los pueblos el anterior gobierno, hemos tratado de poner a las Provincias en libertad y adoptar el sistema federal, que ha traído tantos progresos en Norte América, jamás había sido con el supuesto de que nuestras Provincias se dislocaran de tal manera que sus pequeñas partes no viniesen a tener importancia alguna."* Líneas arriba marcaba Bustos las condiciones que debía tener *"un territorio o distrito... para considerarse libre e independiente"* (o sea autónomo): funcionarios capaces, obispo o en su defecto abad o *"párroco de buena doctrina"*, cierta aptitud militar y fondos públicos suficientes *"para la dotación de otras instituciones inevitables que están en el orden del adelantamiento que en ciencias y artes debemos dar a nuestros Pueblos"*. Y además, los recursos necesarios para *"las cargas de la federación"*, o sea del futuro Estado nacional. Concluía que varias de las nuevas provincias no podían ser autónomas y que su producción no pasaría sus propios límites por los impuestos al tráfico; y esto sería *"el producto único de su libertad"*. La carta de Bustos hacía una referencia a las antiguas gobernaciones-intendencias como una base para reconstruir la viabilidad de las regiones dentro de un sistema federal. Pero ahora, ¿quién apartaba de las nuevas provincias el vino espirituoso de sus inauguradas autonomías?

Los ensayos fracasados

En el interior se suponía que la organización constitucional del país, bajo un sistema federal, estaba próxima. Reacomodadas las fuerzas internas desatadas por la explosión del Año XX, era cuestión de convocar a una reunión general y ponerse de acuerdo. Éste era el espíritu del Tratado del Pilar y otros instrumentos interprovinciales signados por entonces.

Bustos tomó la iniciativa, pero fracasó: Buenos Aires se negó a participar en el Congreso de Córdoba. Para ella, el actual estado de cosas era ideal. Mientras los del interior se destrozaban en míseras guerras o languidecían en sus medianías, la provincia de Buenos Aires seguía prosperando. Pero ni en la ciudad porteña ni mucho menos en el interior o el litoral se había desvanecido la idea nacional. Aun sin un gobierno central, todas las provincias se consideraban parte de una Patria sólo postergada. Por ello anhelaban la emancipación definitiva del Alto Perú, lo que sólo ocurrirá en 1825. La región mediterránea y el norte esperaban que su reintegro a la comunidad nacional mejoraría sus economías, restableciendo el intercambio anterior a la guerra. Pero el Alto Perú logró su independencia por la acción de fuerzas dependientes de Bolívar, y optó ulteriormente por constituirse en una República. También Entre Ríos y Corrientes querían el regreso del Paraguay al conjunto rioplatense, para lucrar con el tráfico fluvial de ese homogéneo mercado. Y Ramírez, "el Supremo Entrerriano", llegó a planear la reincorporación del Paraguay por la fuerza. Pero el aislamiento paraguayo era hermético y definitivo.

En cambio, el caso de la Banda Oriental conmueve a los pueblos y también a Buenos Aires. Desde 1816 había sido ocupada progresivamente por fuerzas portuguesas. El Directorio no había reaccionado frente a la usurpación: es cierto que las exigencias bélicas del frente norte y de Chile desaconsejaban romper hostilidades con Portugal, pero también es indiscutible que los directoriales preferían como vecinos a los portugueses y no a Artigas. La ocupación podía tolerarse como algo provisorio, pero cuando Portugal anexó el territorio oriental como "Provincia Cisplatina", la indignación fue general. El gobierno de Buenos Aires, representando de hecho a la totalidad de las provincias, intenta negociar con Don Pedro —que ya es Emperador del Brasil— pero éste se niega a desprenderse de la nueva adquisición.

Este problema y el compromiso de vertebrar constitucionalmente los restos del Virreinato mueven al gobernador de Buenos Aires Las Heras a convocar a las provincias para integrar un Congreso Constituyente que se reunió en la ciudad porteña (diciembre 1824), mientras en la tierra oriental una pequeña expedición de patriotas iniciaba la lucha contra los brasileños. El Congreso era la anhelada oportunidad de reconstruir la perdida unidad sobre un sistema federativo y sólo Buenos Aires, expresada en la ciudad y la campaña, podía formular esta convocatoria. Por esta misma razón, el fracaso del Congreso (diciembre 1824 - agosto 1827) fue atribuido, con razón o sin ella, a los grupos predominantes en Buenos Aires. Sin duda Rivadavia intentó apoyarse en estos grupos y es posible que la Constitución que sancionó el cuerpo haya manifestado una tendencia moderadamente centralista; pero en su gestión presidencial (febrero 1826 - junio 1827) Rivadavia agravió también al localismo porteño, cancelando la autonomía provincial y nacionalizando una enorme parte de su territorio, incluyendo obviamente la ciudad, para sede del poder nacional. Curiosamente, los sectores que en la época del aislamiento eran los más aislacionistas, ahora se proclamaban como ardientes nacionalistas... ¿Cómo no desconfiar? Querían nacionalizar las minas, extender el poder nacional a todas partes, intervenir en los problemas internos de las provincias.

Para el interior, expresado por caudillos fuertes y representativos como Quiroga, Bustos, Ibarra o López, el intento rivadaviano era una nueva forma del despotismo porteño. No estaban dispuestos a tolerarlo. Al enviado del Congreso que le traía un ejemplar de la Constitución, Quiroga lo manda de vuelta sin recibirlo, porque *"no se halla en el caso de ver comunicaciones de individuos que dependen de una autoridad que tiene dadas órdenes para que se le haga la guerra; pero sí está en el de contestar con las otras, pues no conoce peligros que lo arredren y se halla muy distante de rendirse a las cadenas con que se pretende ligarlo al pomposo carro del despotismo"*.

Además, las alternativas de la guerra contra el Brasil, que en el campo militar y naval fueron afortunadas, terminaron en gestiones de paz inaceptables. Finalmente, Rivadavia, que había representado el progreso y el orden para Buenos Aires, se convirtió en un elemento negativo y disgregante: fue rechazado hasta por la ciudad que, como ministro de Rodríguez, había embellecido, prestigiado y enriquecido.

Su renuncia y la disolución del Congreso abría una nueva oportunidad a una organización federalista que, aprovechando experiencias anteriores, mereciera la confianza del país interior. Dorrego, gobernador de la restablecida provincia de Buenos Aires, era el hombre indicado: porteño neto pero con buena relación con dirigentes del interior y con sensibilidad política suficiente como para manejar una reestructuración institucional en la que no molestara al resto del país el inevitable poder de Buenos Aires. Un buen ensayo fue la Convención Representativa reunida en Santa Fe con representantes de varias provincias, que le confiaron el manejo de las relaciones exteriores para que pudiera concluir la paz con Brasil.

Pero el ensayo de Dorrego fue frustrado por la sublevación de Lavalle y la sangre del gobernador (diciembre 1828) fue la primera que se derramó en una arrasadora guerra civil prolongada hasta fines de 1831. Primero en la campaña bonaerense, donde Lavalle tuvo que aceptar su derrota frente a Rosas, luego en el interior, hasta la derrota del ejército unitario por Quiroga en la Ciudadela.

En el desarrollo de esta contienda quedó demostrado, una vez más, que Buenos Aires tendía a arreglar sus problemas con abstracción de lo que acontecía en las otras provincias. Rosas se enfrentó a Lavalle como jefe de las fuerzas que puso a su disposición la Convención Representativa; asumía, pues, un carácter nacional, ya que la sublevación unitaria no había atentado solamente contra un gobernador legal sino contra el encargado de las Relaciones Exteriores de la República. Pero Rosas no tuvo inconveniente en llegar a un acuerdo con el militar sublevado, sin preocuparle la opinión de su mandante. Así fue llevado a la gobernación de Buenos Aires (diciembre 1829) dejando en la estacada a sus correligionarios federales, en primer lugar a López. El santafecino y Quiroga debieron enfrentar solos a la Liga Unitaria formada por Paz y esto no dejó de ser una amarga lección para los caudillos del interior que, no obstante, tuvieron que aceptar la superior sagacidad de Rosas y el peso de la provincia que lo sustentaba.

Sea como fuere, cuando concluyera la guerra había que cumplir el tácito mandato de los pueblos: constituir el país bajo el sistema federal. A mediados de 1830 se reúnen en Santa Fe los delegados de esta provincia y los de Entre Ríos, Corrientes y Buenos Aires. Van a negociar un tratado ofensivo y defensivo que permita enfrentar a las provincias litorales con la Liga Unitaria. Fue entonces cuando las contradicciones del interior con la provincia bonaerense, aquellas que venían desde la época virreinal y se habían acentuado a lo largo de dos décadas independientes, se manifiestan a través del debate que pone frente a frente a Ferré, correntino, constructor de pequeños barcos, y Roxas y Patrón, ministro de Hacienda de Buenos Aires y hombre de confianza de Rosas.

Ferré representa esas pequeñas industrias provincianas que sufrieron los efectos de la apertura de la puerta de la tierra. Es un sincero federal y cree que antes de discutir los aspectos políticos de la futura organización es necesario ponerse de acuerdo sobre las líneas económicas que han de seguirse en el futuro. Plantea entonces un esbozo de política económica tendiente a proteger las industrias nativas y describe el devastador efecto que ha aparejado la apertura del puerto, tal como se la viene practicando desde 1810. Pero el delegado porteño se opone a incluir temas económicos en la negociación: las cosas, a su juicio, deben seguir como hasta ahora, entre otras razones porque los ingresos de la Aduana de Buenos Aires sirven para pagar las deudas de carácter nacional derivadas de las guerras de la Independencia y con el Brasil, así como los agentes que representan en el exterior a la Confederación.

Afirma Ferré que *"los pocos artículos industriales que produce nuestro país no pueden soportar la competencia con la industria extranjera"*. Era lo mismo que decían en 1809 los funcionarios que se oponían a la apertura del puerto al comercio con los ingleses. *"Aumenta el saldo contra nosotros en la balanza del comercio exterior, se destruyen los capitales invertidos en estos ramos y sobreviene la miseria."* En cambio, para el representante porteño, una política prohibicionista o proteccionista aparejaría la disminución del intercambio *"y la baja de precio de los cueros y frutos de exportación"* lo que supondría *"la ruina del pastoreo de Buenos Aires, Santa Fe, Entre Ríos, Corrientes, Córdoba y otras provincias cuyos frutos ya se exportan"*. Además disminuirían las rentas nacionales –aunque hablando con precisión, no había en ese momento "rentas nacionales" porque las que recaudaba la Aduana de Buenos Aires se aplicaban, mayoritariamente, a necesidades de la provincia.

Ferré replica que no postula la prohibición de introducir efectos que el país pueda eventualmente fabricar, sino la de aquellos que ya se fabrican. Niega que el destino nacional consista en criar ganado y desdeña el tétrico panorama descripto por el representante de Rosas. Por el contrario, afirma que la prohibición de importar algunas mercaderías más o menos suntuarias no afectará el nivel de vida de las clases pobres. Al contrario: *"No se pondrán nuestros paisanos ponchos ingleses –dice– ni llevarán lazos y bolas hechos en Inglaterra; no vestiremos ropa hecha en extranjería... pero en cambio empezará a ser menos desgraciada la condición de pueblos enteros de argentinos, y no nos perseguirá la idea de la espantosa miseria a que hoy son condenados".*

La polémica se publicó en los diarios de la época y tuvo gran repercusión. Nunca se había escuchado una voz tan clara en defensa de las actividades manufactureras del interior, ni una defensa tan abierta del sistema adoptado por Buenos Aires. Más de dos siglos de historia estaban atrás de aquel debate. El planteo de Ferré se desestimó y el Pacto Federal (enero 1831) fue suscripto por las cuatro provincias litorales como un compromiso político y militar, sin ninguna previsión de otro tipo, salvo la recomendación de facilitar el tránsito de personas y bienes por el territorio de los estados signatarios y una vaga promesa de convocar un congreso federativo *"cuando los provincias se encuentren en paz y tranquilidad"*. Aparentemente, la insensibilidad del gobierno bonaerense era total frente a las quejas provincianas.

Y sin embargo...

La máxima concesión

Concluida la guerra civil con la derrota unitaria (noviembre 1831) la Confederación Argentina –ya empezaba a denominarse así lo que antes había sido Provincias Unidas del Río de la Plata y República Argentina– tiene en los hechos una conducción triunviral: Rosas, López y Quiroga. Se supone que ahora, "en paz y tranquilidad", podrá implementarse el mecanismo previsto en el Pacto Federal. Pronto se advertirá que Rosas no tiene el menor interés de hacerlo, lo que provoca la protesta de López, acallada en seguida, mientras Quiroga, ganado a la amistad del porteño, declina desempatar.

Al finalizar su gobierno (1832) Rosas se dedica a preparar su empresa más ambiciosa: la Expedición al Desierto, para empujar a los indígenas más al sur y afianzar la seguridad de las tierras pobladas. La expedición está concebida como una iniciativa nacional en la que colaborarán todas las provincias interesadas en el problema del indio, pero finalmente será asumida solamente por Buenos Aires. Es que no hay voluntad ni medios para emprendimientos comunes. El panorama del país es desolador. La prolongada guerra civil, años de reiteradas sequías, los avances de los indios, todo se ha combinado para enfriar cualquier iniciativa con aire de grandeza. La idea nacional está casi desvanecida: apenas si existe un vago remordimiento por el retraso en constituir la nación. Cuando los ingleses ocupan por la fuerza las Malvinas, López e Ibarra no dejan de reprochar al gobierno de Buenos Aires el estado inorgánico de la Confederación, que hace posibles esos atentados. La fragmentación del antiguo Virreinato es ya irreversible y algunas de las provincias limítrofes deben intensificar el comercio con los países vecinos, más remunerativo que el tráfico por territorio nacional, interferido por gabelas de toda clase; estas vinculaciones no dejan de alentar algunos aires separatistas en el norte y de acentuar el disgusto de Cuyo por la indiferencia porteña frente a sus problemas.

La situación financiera de las provincias es patética. El historiador polaco-norteamericano Miron Burgin reproduce los ingresos de algunas, hacia 1836. San Juan recauda anualmente $ 10.700; Tucumán, $ 21.000; Córdoba, $ 67.000; Corrientes, $ 133.000. En el mismo lapso, Buenos Aires ingresa a sus arcas $ 4.800.000; el 63 % de esta suma proviene de la Aduana... ¿Podía alguien obligarla a compartir estas rentas o a aceptar una política económica que importara su restricción? En 1835 el asesinato de Quiroga conmociona al país entero y Rosas vuelve al gobierno después de asegurarse el ejercicio de la suma del poder mediante un plebiscito. Lo abandonará dieciocho años más tarde. En el curso de su larga gestión establecerá una fórmula pragmática, sin normas escritas, que probablemente es la máxima concesión que puede hacer Buenos Aires, en ese momento, a las exigencias del resto del país. Una concesión otorgada porque precisamente quien la promueve es Rosas, el más auténtico porteño por su origen, su actividad privada y su representatividad.

¿A qué aspiraban las provincias? A constituir un Estado Nacional que les permitiera una razonable participación en las rentas generales; y a que se estableciera una política económica defensiva de sus producciones. Rosas hizo realidad las dos aspiraciones. Pero lo hizo a su modo, sinuoso y oscuro, y dándoles su personal impronta.

El dictador porteño era básicamente un conservador. Como tal, era un hombre realista. Pero también, como todo conservador, un escéptico. Su visión de la Argentina está expuesta en la famosa Carta de la Hacienda de Figueroa, enviada a Quiroga en vísperas de lo que sería su último viaje (diciembre 1834). En ella manifiesta su pesimismo sobre la situación de la Confederación: provincias *"dilaceradas"*, llenas de odio, empobrecidas. No hay personalidades capaces de asumir las funciones gubernativas o, si las hay, son *"pícaros y logistas"*. Convocar a un congreso sería abrir de nuevo la puerta a la anarquía; no hay fondos para hacerlo funcionar y ni siquiera hay certeza sobre el lugar donde se podría reunir, porque en Buenos Aires no debe hacerlo. Menos aún es viable un gobierno general permanente. ¿Con qué dinero? ¿Con qué facultades? ¿Con qué hombres? En suma, para Rosas no hay ninguna posibilidad, por el momento, de constituir orgánicamente la nación. Hay que promover primero su restauración, de abajo hacia arriba, para que se vayan creando las condiciones hacia una futura unión.

Esta concepción, enfrentada a la necesidad de dar alguna satisfacción a los pueblos federales, lo llevó a estructurar lentamente, paso a paso, a través de reiteraciones administrativas y una infinita paciencia, un virtual Estado Nacional del que fue su titular. Hacia el fin de su gobierno, Rosas acumulaba legalmente tanto poder como el que ejerce un presidente constitucional.

Se había atribuido las funciones que normalmente desempeña un ministro del Interior, porque intervenía las provincias desafectas y mantenía una superintendencia general sobre la seguridad del país. De un ministro de Economía, porque el manejo de la Aduana porteña le permitía regular precios, fomentar producciones regionales o desalentarlas; prohibía exportar moneda o metales preciosos (una especie de control de cambios), emitía papel moneda (Banco Central) y otorgaba graciosamente subsidios a las provincias necesitadas (coparticipación federal). De un ministro de Relaciones Exteriores porque a través de la delegación que expresamente habían conferido las provincias a su persona se ocupaba de las cuestiones de paz y guerra, relaciones con otros países, problemas de Culto incluso el patronato y vicepatronato, asuntos consulares y propaganda en el exterior. De Justicia, porque en un par de ocasiones, por lo menos, funcionó como un juez federal superior, atrayendo a su conocimiento causas ordinarias (asesinato de Quiroga, quiebra de Lezica) cuya repercusión lo justificaban. De Guerra, porque era el virtual comandante en jefe del ejército y la marina de la Confederación.

Todas eran facultades legalmente asumidas por Rosas o que contaban con el asentimiento de las provincias; no contamos los poderes que ejerció, muchas veces arbitrariamente, en virtud de las facultades extraordinarias que investía por decisión de la Legislatura porteña, plebiscitariamente confirmada, que varias veces fue ratificada por las legislaturas de casi todas las provincias.

Es cierto que este embrión de Estado Nacional no reconocía participación a las provincias –salvo los mensajes y comunicaciones que enviaba de tanto en tanto el dictador porteño– y también es indudable que el mecanismo montado por Rosas sirvió, en primer lugar, para mantener la hegemonía política y proteger los privilegios económicos de Buenos Aires. Pero probablemente era imposible avanzar más allá, en ese particular momento de nuestra historia. Además, preservar el poder de Buenos Aires era salvar la unidad nacional porque todos los procesos de unificación de las grandes naciones fueron promovidos por una región particular, dotada de mejores condiciones que las otras: Castilla en España, Prusia en Alemania, Piamonte en Italia. Restarle fuerzas a la provincia más importante, hubiera sido suicida en el estado actual de la Confederación. Es posible que Rosas no haya racionalizado este pensamiento; Mitre, en cambio, lo expresó clara y reiteradamente poco después de Caseros.

Cuando Urquiza se pronunció en 1851, casi todas las provincias mandaron delegados a la ciudad porteña para reiterar su adhesión a Rosas. En esta oportunidad, algunos adelantaron la conveniencia de proclamarlo presidente de la Confederación Argentina y ciertas provincias sancionaron leyes en este sentido. El dictador desoyó estas sugestiones: sin duda se sentía más cómodo con la estructura ambigua y fluida que había creado.

Pero también hay que tener en cuenta que el sistema rosista fue el que defendió la independencia y la dignidad nacional en los enfrentamientos con Francia e Inglaterra. De modo que no sólo sirvió a la prevalencia porteña sino también a la integridad nacional, con lo que su base de sustentación, Buenos Aires, seguía fiel a alguna de las grandes constantes de su tradición. Y esto también debió apreciarse en el interior del país, donde la idea de una Patria a realizar no se había olvidado.

La otra aspiración provinciana era de carácter económico. Rosas detestaba a Ferré, hizo perseguir a algunos de sus amigos y el correntino, como gobernador de su provincia, encabezó años después un levantamiento contra Rosas. Pero lo cierto es que en diciembre de 1835 –medio año después de asumir su segundo gobierno– Rosas decreta una ley de aduanas que recoge parcialmente las postulaciones de Ferré.

"Decretar" es un verbo que no suele aplicarse al mecanismo de poner en marcha una ley. En este caso, Rosas aplicó la tarifa aduanera que regiría en adelante por un simple decreto, sin recurrir a la Legislatura, hecho insólito en un gobernante tan puntilloso en materia económica. Acontecía que, sin duda, Rosas no confiaba que la ley de aduanas fuera aprobada por los hacendados y comerciantes que integraban la Sala de Representantes de Buenos Aires. Su poder político era enorme; su poder en materia económica, muy relativo; y la prueba está en que nunca pudo modificar el anacrónico sistema tributario de la provincia, que favorecía a los terratenientes, como lo denunció varias veces su vocero Pedro de Ángelis.

La ley de aduanas de 1835 establecía impuestos del 5 al 50 % *ad valorem* para efectos que pudieran fabricarse en el país; prohibía la introducción de muchos artículos de cuero, metales y harinas, en ciertas condiciones. Liberaba las exportaciones de manufacturas y gravaba las de materias no elaboradas, como los cueros. Dos años después de su vigencia, Rosas, en un mensaje a la Legislatura, la calificaba como *"cálculo generoso que se extiende a las demás provincias de la Confederación"* que ya *"han comenzado a reportar sus ventajas"*. Pero a continuación expresaba su esperanza de que *"adoptando los mismos principios* (las provincias), *indemnicen del mismo modo a la de Buenos Aires los sacrificios que ha adelantado y que de otra suerte no podría continuar"*.

En realidad, la vigencia de la ley de aduanas no fue muy prolongada. El bloqueo francés y el largo conflicto con Francia e Inglaterra, que casi estrangula la economía de la Confederación, la tornaron inaplicable y en 1841 el propio Rosas dejó sin efecto, sin mayor publicidad, sus cláusulas más importantes. Pero lo significativo de la ley de aduanas fue la actitud que expresó. Era la primera vez, desde el Virreinato, que Buenos Aires regulaba su puerto para no perjudicar las manufacturas del interior. La *puerta de la tierra* se entornaba un poco: no demasiado, porque Buenos Aires vivía de la intermediación; era su negocio. Pero al menos se interrumpía una continuidad de egoísmos que hasta entonces había caracterizado en este terreno la posición porteña frente al resto del país.

A pesar de esta corta vigencia, hay muchos testimonios de la repercusión que tuvo la nueva tarifa en la actividad económica del interior. Volvieron los vinos mendocinos a Buenos Aires y el tráfico de carretas tornó a ser significativo. Múltiples artesanías medraron en la ciudad, reforzando una actividad que siempre había sido magra en la ciudad porteña. No era un progreso espectacular, como el que habría de vivirse después de Caseros: era un avance moderado, sostenido pero parsimonioso. Seguramente el tipo de progreso que agradaba a Rosas, enemigo de novedades y de los que las traían. Y, desde luego, un progreso que en primer lugar beneficiaba a Buenos Aires. *"Durante veinte años, ni siquiera el 1 % de las rentas públicas fue gastado más allá de los suburbios de la ciudad de Buenos Aires"* informaba en 1852 a su gobierno el encargado de negocios de Estados Unidos.

Con la política que se describe, Rosas hizo lo que pudo, en el contexto de su tiempo, para restablecer la perdida solidaridad entre Buenos Aires y el interior. No fue así en todos los campos: las expediciones represivas contra los alzamientos de sus enemigos no hicieron nada por recomponerla. Las provincias, acostumbradas a modalidades políticas de tipo lugareño, más o menos pacíficas, resintieron las crueles medidas de los procónsules federales, y los cancioneros locales recuerdan dolorosamente algunas de ellas. Si Guillermo Hudson pudo contar que diez años después de la caída de Rosas los gauchos bonaerenses clavaban su cuchillo en el mostrador de los boliches gritando ¡Viva Rosas!, eso no ocurrió en el interior. Rosas no fue querido allí, ni mucho menos en el litoral. Respetado, sí y sin duda también temido. Pero no es por ignorancia política que un caudillo popular como el Chacho ha encabezado insurrecciones antirrosistas y que Felipe Varela se ha jactado de su pasado unitario.

En realidad hubo tres Rosas diferentes, en función de las regiones donde derramó su influencia. Hubo uno para Buenos Aires; fue el que puso orden, fomentó la riqueza, fijó la frontera indígena y dio a su política un tono populachero que lo hizo amar por la gente de las orillas, la población rural y los sectores que aborrecían a los estirados unitarios y "lomonegros". Hubo otro Rosas para las provincias del norte, mediterráneas y de Cuyo, que, a cambio de su sumisión política, no agredió a sus economías pero tampoco las ayudó y casi las olvidó en los últimos años de su poder. Y hubo, finalmente, un Rosas para el litoral, que no entendió la creciente gravitación de Entre Ríos ni satisfizo los reclamos de Corrientes para liberar su tráfico fluvial.

Pero también podríase agregar la imagen de otro Rosas, cuya habilidad política, frialdad y constancia lograron que su curioso sistema se impusiera por casi veinte años, dejando sentado el embrión de una organización más estable y sofisticada. Para lograr su objetivo se ayudó con un colorido folklore político, con el manejo de un partido que operó en todo el país dando cierta coherencia a sus directivas y, sobre todo, con su machacona insistencia en el carácter federal de su sistema. Su error más grave fue suponer que esta ecuación, personal y única, podía durar indefinidamente. Acaso no lo pensó siquiera y sólo se dejó llevar por las circunstancias.

Lo cierto es que este hábil conservador con connotaciones populistas, que en 1835 había llegado al poder por una necesidad nacional, en 1852 ya no podía ofrecer ningún objetivo aglutinante. La chatura que impuso su censura había agotado, por otra parte, la fecundidad de espíritu que había sido característica de Buenos Aires: la ciudad de Mayo, que había llevado sus ideas explosivas a todo el continente, el foro donde se habían debatido brillantemente en la década del '20 todos los grandes problemas nacionales, hacia 1852 padecía de un crónico estreñimiento intelectual... Rosas había ignorado el paso de los años y no podía percibir la realidad de una generación nueva, sensible a las influencias del tiempo contemporáneo, que desde Europa reclamaba constituciones escritas, progreso rápido, libertades civiles.

Cuando Urquiza enarbola como programa el tema de la organización constitucional, Rosas sólo responde con invectivas. Y con la publicación de un documento, hasta entonces desconocido, que sin duda representaba para él la más adecuada respuesta al planteo del entrerriano: la Carta de la Hacienda de Figueroa, vieja de dieciocho años, que negaba la posibilidad de constituir la nación...

Veinte años ¿no es nada?

En vísperas de Caseros, la ciudad no había cambiado mucho: puertas y ventanas pintadas de rojo serían la mayor novedad para quien la hubiera dejado de ver veinte años atrás. El parque que rodeaba la residencia del dictador en Palermo y el pintoresco puerto de la Boca extendían su área hacia el norte y el sur. La campaña, en cambio, ofrecía ya algunas transformaciones significativas. Se había extendido la frontera hasta Tandil, aprovechando la quietud en que estuvieron los indios durante todo el gobierno de Rosas y gracias a su prudente política. Había muchas estancias, algunas con sorprendentes adelantos, aunque el alambrado era todavía una curiosidad y la escasez de mano de obra era crónica. Muchas de estas propiedades pertenecían a extranjeros; en el viaje que hizo por el interior de la provincia William McCann en 1846, casi no tuvo necesidad de pernoctar en casas que no fueran de ingleses o escoceses. A lo largo de la década del '40 se había producido una importante inmigración irlandesa. Eran excelentes zanjeadores y mejores pastores; un dato común entre la colectividad aseguraba que un recién llegado, sin un centavo, podía hacerse rico en cuatro años dedicándose a cuidar majadas ajenas y conviniendo quedarse con la mitad de la parición. La cría de lanares ya era un rubro tan importante como la de vacunos, con la ventaja de que la esquila era una tarea más simple que las del saladero y permitía obtener un producto que podía venderse o retenerse indefinidamente, según la demanda del mercado –que no estaba en el país sino en Gran Bretaña y Bélgica. Los antiguos enfiteutas se habían convertido en propietarios perfectos y sus dominios abarcaban decenas de miles de leguas cuadradas.

Con la paz que predominó en el último lustro del gobierno de Rosas, Buenos Aires recuperaba lentamente su leyenda de tierra de promisión. Pero no había cambiado demasiado.

Tampoco había cambiado mucho el interior. Los gobernadores reiteraban hasta el hartazgo sus fórmulas de adhesión a Rosas pero en realidad gobernaban de acuerdo con los intereses locales, sin hacer mucho caso a las directivas provenientes de Buenos Aires. Mendoza y San Juan comerciaban activamente con Chile, pese a que Rosas había reivindicado siempre el control del tráfico con los países limítrofes; Catamarca mandaba su tabaco, mientras su gobernador aseguraba a Rosas que había prohibido toda exportación a la nación trasandina. Córdoba invitaba a las provincias vecinas a rebajar los impuestos al tránsito, para facilitar el comercio interprovincial. El bloqueo francés también había afectado al interior, porque disminuyó la capacidad adquisitiva del mercado porteño. Pero –dice Miron Burgin– "las provincias no ganaron nada. Después de los conflictos, su situación política y económica fue más precaria que nunca". Es que tampoco había capitales para poner en marcha explotaciones importantes ni existía una obra pública que facilitara el transporte o las comunicaciones. Por otra parte, los ejércitos de una u otra divisa que divagaron por esas regiones en los terribles años 1840/1845, habían dado cuenta de buena parte del ganado y exaccionado tremendamente a la gente "de posibles". Una secreta esperanza seguía acompañando a los personajes importantes del interior: que el propio Rosas, culminando su obra, se decidiera a formalizar una organización que diera alguna salida a los pueblos mediterráneos. Pero nada hacía suponer semejante cosa.

El litoral, en cambio, había cambiado, sobre todo Entre Ríos. En campos no muy diferentes de los bonaerenses, bajo el férreo liderazgo de Urquiza, los entrerrianos habían desarrollado la cría de vacunos y ovinos, y algunos saladeros ya despachaban sus productos a Montevideo, pese al sitio que sufría la ciudad. Los grandes ríos que flanqueaban estas provincias les abrían mayores posibilidades que las del interior, pero al mismo tiempo marcaban con mayor dramatismo la situación de dependencia en que se encontraban en relación con el puerto de Buenos Aires. Urquiza también había promovido la educación y rodeábase de consejeros que no ocultaban su antipatía por el sistema rosista. Una prensa mucho menos controlada que la porteña iba avanzando cada vez más hacia posiciones totalmente heterodoxas para el sistema de la Santa Federación.

En la medida que Entre Ríos se agrandaba, se convertía tácitamente en el vocero de las provincias que no tenían voz. No tardaría Urquiza en pronunciarse por la organización constitucional y la fusión de los partidos (mayo 1851), un programa incompatible con la existencia política del dictador porteño.

III. Estado segregado, Provincia hegemónica

En algunos sectores porteños, la batalla de Caseros fue vista como un triunfo del interior. Pero también lo sintieron así ciertos amigos de Urquiza, que quisieron forzar la capitalización de la ciudad (es decir, su sustracción a la jurisdicción bonaerense) poco después de la caída de Rosas. Y muchos porteños de diferentes antecedentes políticos, que primero solapadamente y luego de modo ostensible fueron estableciendo lo que sería más tarde una eficaz oposición al vencedor de Caseros.

Es que el combate que determinó el fin de la época rosista tenía varios significados, y uno de ellos era el que acaba de señalarse. Pero también marcaba la culminación de una lucha interna dentro del partido Federal: y de aquí el celo de Urquiza por mantener algunos de los lemas y símbolos que lo habían caracterizado. Caseros había sido una confrontación entre puros federales; sus secuelas iban a poner a prueba la aptitud de esta corriente histórica para adecuarse a las nuevas necesidades del país que, salvo el interregno rivadaviano, venía gobernando desde 1820.

El comienzo de la secesión

Por eso, el primer cuidado de Urquiza fue recomponer el frente partidario. Había que ganar la buena voluntad de los gobernadores que fueron rosistas; ellos pertenecían a su partido y debían constituir su apoyo lógico; no lo serían nunca, en cambio, los dirigentes porteños que se aprestaban a defender la posición de su provincia frente a eventuales desbordes del jefe entrerriano.

No era difícil reformular una nueva relación entre la naciente estrella nacional y los antiguos gobernadores rosistas. Lo que buscaban las provincias era, nada más ni nada menos, la organización constitucional, aparente panacea que les permitiría participar en las decisiones nacionales y obtener parte de las rentas generales. Por eso, la noticia de Caseros fue recibida en el interior con auténtica alegría. Una burla clásica de la historiografía tradicional consiste en comparar las invectivas contra Urquiza antes de Caseros y las alabanzas, igualmente entusiastas, de las que fue destinatario después del triunfo, en la mayoría de las provincias: en alguna Legislatura se llegó al mal gusto de testar las actas de las sesiones en las que se había aprobado la condenación del *"loco, traidor, salvaje unitario Urquiza"*. Sin desconocer la cuota de oportunismo e impudicia política de aquellos políticos provincianos abrumados por veinte años de uniformidad y medianía, lo que no entienden los ironistas es que el programa de Urquiza abría, por primera vez desde 1828, una salida generosa al interior. De modo que la adhesión provinciana no fue forzada y se le brindó espontáneamente tan pronto como pudo explicar sus intenciones.

Esta tarea corrió por cuenta de Bernardo de Irigoyen, que en una exitosa *tournée* logró tranquilizar a los gobernadores, comprometió su asistencia a la reunión programada en San Nicolás de los Arroyos para fines de mayo y aconsejó moderación a los antiguos unitarios –algunos regresados a sus pagos después de años de exilio, otros prudentemente callados durante la época rosista y ahora ansiosos de presentar facturas por sus sufrimientos.

En cambio, el fracaso del vencedor de Caseros fue irremediable en Buenos Aires. Resulta curioso el mecanismo psicológico que llevó a una ciudad cuya opinión pública no había existido durante dos décadas, a cuestionar desenfrenadamente todo lo que dijera o hiciera quien la había liberado del pesado paternalismo rosista.

En pocos meses, lo que nadie había susurrado contra el Restaurador se vociferó contra el Libertador... Llevaban la voz cantante los antiguos exiliados y los jóvenes que se habían hecho hombres soñando con una Argentina posrosista en la que deberían tener, a su juicio, un papel relevante. Pero también participaban en el coro quienes habían cortejado a Rosas y ahora, revestidos con un flamante ropaje liberal, demostraban tanto impudor como los gobernadores que habían dado vuelta sus chaquetas al día siguiente de Caseros...

El campo de reunión de estos heterogéneos elementos era, desde luego, la defensa de Buenos Aires: la ocasión para librar la primera batalla en regla, el debate legislativo sobre el Acuerdo de San Nicolás.

Es indudable que el Acuerdo adolecía de defectos de forma y de fondo: el más grave, en el caso de Buenos Aires, que su gobernador no había requerido de la Legislatura el mandato correspondiente para disponer de bienes provinciales (tesoro, milicias) que ahora pasarían a formar parte del Ejecutivo Nacional provisorio ejercido por Urquiza. Pero también es evidente que el país vivía un peligroso estado preconstituyente y era indispensable crear un poder que salvara el tránsito hacia la creación de los nuevos resortes constitucionales; así como también era urgente hacer arrancar de su inmovilidad al mecanismo que debía sancionar la anhelada constitución. Tampoco puede discutirse que, debajo de las arengas propaladas en las "jornadas de junio", lo que había era un decidido propósito de no dejarse arrebatar la Aduana ni ceder la ciudad.

No se trataba solamente de egoísmo localista. La diferencia de crecimiento de Buenos Aires en relación con el resto de las provincias (salvo Entre Ríos) era tan profunda que hacía muy difícil una fórmula que permitiera salvarla. Que Buenos Aires dispusiera de dos bancas en el futuro congreso constituyente al igual que Jujuy o La Rioja, parecía aberrante a los porteños y en verdad rompía precedentes históricos aceptados y parecía prefigurar el expolio de la "hermana mayor" por los "trece ranchos", voraces y resentidos...

Seis años antes Florencio Varela había planteado con justeza la cuestión: *"No es posible, no es racional, esperar que haya paz y cordial inteligencia entre diversas provincias de un mismo estado, cuando unas gimen en miseria completa mientras otras nadan comparativamente en la abundancia sin que esa diferencia sea efecto de causas naturales sino de malos sistemas administrativos"*. Agregaba el ideólogo unitario que ningún sistema podía neutralizar las desventajas derivadas de la naturaleza: *"las provincias enclavadas en el corazón de la República como Catamarca, La Rioja, Santiago, jamás podrán, por muchas concesiones que se les hicieran, adelantar en la misma proporción que Buenos Aires, Santa Fe o Corrientes, situadas sobre ríos navegables"*. Pero esas diferencias no ofenden —concluía Varela— *"porque no son efecto de las injusticias de los hombres, sino obras de la naturaleza misma"*.

¿Qué "sistema administrativo" podía vincular el dinamismo del progreso porteño con la estática pobreza del interior? Ahora se advertía la debilidad de la estructura impuesta por Rosas: desaparecida su autoridad, todo el tinglado se derrumbaba y se desvanecía la pregonada solidaridad nacional: el enfrentamiento de porteños y provincianos reaparecía con renovada virulencia.

Urquiza trató de sofocar la rebeldía de Buenos Aires. Usando los poderes conferidos en San Nicolás intervino la provincia, disolvió su Legislatura y amordazó las voces más estridentes. Su reacción era obligada por un principio de autoridad que estaba tan arraigado en su espíritu como lo había estado en el de Rosas, pero sólo le sirvió para concitarle el odio cordial de los porteños. Finalmente, el 11 de septiembre de 1852, los activistas del ultraporteñismo tomaban el poder de la provincia mediante el soborno de las tropas urquicistas y aprovechando el momentáneo alejamiento del entrerriano, que había marchado a Santa Fe para abrir las sesiones del congreso constituyente.

Se iniciaba el desencuentro más grave de la historia entre Buenos Aires y el resto del país.

"Somos malos..."

"Buenos Aires haría mejor en contraerse a lo suyo y dejar a los otros que vivan como puedan. Somos malos de raza, nosotros los porteños... Ni entre nosotros ni con los otros hemos de vivir en paz..."

Estas palabras de Mariquita Sánchez, una auténtica hija de Buenos Aires, escritas en 1854, expresaban los sentimientos de los pueblos de la Confederación y acaso los de algunos comprovincianos de esa excepcional mujer, a lo largo de los nueve años que duró la secesión porteña.

Nunca, en la tempestuosa crónica de las relaciones entre Buenos Aires y el resto del país, se dijeron juicios tan duros entre las dos secciones en que se había fragmentado la heredad de los argentinos. Los porteños despreciaban a los provincianos y se negaban a compartir con ellos un destino común; los del interior acusaban de egoístas y antipatriotas a los habitantes de la provincia primogénita. *"Los gobernantes de Buenos Aires, sentados en el zaguán de nuestra República, sin conocimiento propio de personas y cosas en el interior, con la vista fija y directa en Europa, se han desentendido de lo que ocurría por acá, en el fondo y frente de tres repúblicas"* decían los comerciantes de Salta en un informe presentado al gobernador de su provincia en mayo de 1852. (La figura del país como un solar colonial con su zaguán chismoso al frente y un enorme fondo ciego y sin salida, fue expuesta muchos años después por Yrigoyen en un mensaje solicitando fondos para construir el ferrocarril de Huaytiquina.)

A veces, la actitud de Buenos Aires provocaba en las provincias juicios que condenaban hasta su influencia intelectual. Así decía Manuel Taboada, gobernador de Santiago –que diez años más tarde sería un puntal de la política mitrista en el noroeste–: *"...las siniestras miras que han abrigado los hijos de Buenos Aires respecto a las demás provincias desde un tiempo muy atrás, pudiendo decir data ésta desde el primer día en que se dio el grito de Libertad en el año 10 (...) Buenos Aires se ha considerado a sí misma la nueva Atenas de la Confederación; como aquélla, ha pretendido y pretende ser declarada la Señora de todos los pueblos; y esta insólita pretensión la hará conmoverse ante la sola idea de dar a la Nación su Constitución. Buenos Aires es y será la Babilonia de nuestra desgraciada Patria, donde... se hallan hacinadas y radicadas las teorías más abstractas, absurdas e inaplicables; donde está concentrada toda la algarabía de doctrinas desconocidas; allí es donde se ponen en ejercicio las más desatinadas invenciones y de donde parten de tiempo en tiempo, como la peste, al interior de estas provincias, todos los males que según la fábula fueron encerrados en la caja de Pandora".*

Y Taboada terminaba su tirada afirmando que *"los porteños son los únicos que tienen derecho a llamarse Nación Argentina; los demás pueblos de la República no existen y si se les concede esta gracia es con la condición de que de allí recibirán todo, incluso la facultad de pensar aquello que únicamente atañe al bonaerense".*

Pocos meses más tarde, en las sesiones del congreso constituyente, el diputado por Mendoza Martín Zapata hacía un análisis menos tonante que el del gobernador santiagueño pero más inquietante. Ponía en duda la conveniencia de un Buenos Aires que fuera ciudad y provincia al mismo tiempo. *"La provincia y la ciudad de Buenos Aires, en las condiciones y carácter con que han existido hasta hoy... ¿son un elemento de constitución y de organización práctica y posible para la misma Confederación? ¿No son, por el contrario, un principio de constante desequilibrio social, un germen continuo de acciones y reacciones en el país, un semillero eterno de dominación y resistencia, fecundo sólo en sangre y desgracias para toda la República...?"*

Cuando Taboada soltaba la parrafada que se ha transcripto más arriba (octubre 1852), Urquiza estaba dudando entre recluirse en su feudo mesopotámico y organizar allí un Estado independiente; volver con el peso de su fuerza militar a Buenos Aires para obligarla a entrar en el mecanismo constituyente; o llevar adelante la organización de la Confederación prescindiendo de la provincia rebelde. Un hecho inesperado tornó inútiles estas vacilaciones, pocas semanas después: elementos federales de la campaña bonaerense se levantaron contra la conducción ultraporteña y pusieron sitio a la ciudad (diciembre 1852). Y entonces cometió Urquiza el único error grave en una política que antes y después se caracterizó por su paciencia y moderación: tentado con la facilidad que ofrecía el cerco establecido, mandó parte de sus fuerzas a colaborar con los sitiadores.

Si el entrerriano contaba todavía con alguna simpatía en la ciudad porteña, ahora la perdió definitivamente. Electrizada por sus nuevos conductores, estremecida con la vecindad de estos nuevos bárbaros que, como en 1820, venían a humillarla, la comunidad urbana se unificó en la resistencia. Artesanos y mercachifles, dependientes de tiendas, jóvenes de familia y la fauna semirrural de los suburbios, todos se enfundaron el uniforme de la Guardia Nacional y sostuvieron con éxito el asedio. Más aún: en los vivaques y avanzadillas se elaboró la mitología que alimentaría el patriotismo local en los treinta años siguientes: los redobles de tambor de los jóvenes Varela, la herida de Mitre, los sustos y alarmas de aquellos meses formaron parte, desde entonces, de la memoria colectiva de aquella *urbs* que se sentía el arca santa de la libertad y el progreso. Como en los grandes momentos de su historia, el espíritu porteño se realimentaba con las hazañas —reales o exageradas— que generaba la lucha contra un enemigo exterior.

El sitio de Buenos Aires concluyó cuando el bloqueo impuesto por la escuadra que respondía a Urquiza hubo de levantarse mediante el soborno aceptado en buenas onzas porteñas por el almirante que la comandaba. El propio caudillo debió retirarse casi en fuga (junio 1853) y quedó claro que si el interior pretendía organizarse, tal como lo mandaba la Constitución recién sancionada en Santa Fe, debía hacerlo sin Buenos Aires. Nunca, en los diferentes ensayos acometidos desde 1810, había ocurrido semejante cosa y los hechos demostrarían que se trataba de una experiencia sin viabilidad.

¿Civilización y barbarie?

De allí en adelante, hasta 1861, las relaciones entre la Confederación Argentina y el Estado de Buenos Aires atravesaron picos de conflictos y etapas de convivencia pacífica. Ambas entidades se disponían a seguir caminos separados y el paso del tiempo era un activante peligroso de esta bifurcación. Así como las trece provincias habían sancionado su constitución, organizado los precarios resortes del nuevo poder nacional y establecido su capital en la ciudad de Paraná, también la provincia segregada sancionó su propia carta –definiendo el territorio bonaerense hasta el estrecho de Magallanes–, eligió su legislatura y su gobernador y se dispuso a gozar, por segunda vez en su historia, de un próspero aislamiento.

La prudencia de algunos dirigentes logró que la constitución provincial calificara a Buenos Aires como un Estado federal de la Nación Argentina, que reservaba sus facultades hasta que no las delegara en un congreso general; ello daba la sensación de una cierta provisionalidad en la separación del conjunto nacional. Pero en los hechos, Buenos Aires era un país independiente con moneda propia, cuerpo consular acreditado ante varios gobiernos, aduana, milicias y, sobre todo, un evanescente orgullo. Pues si abundaban los juicios lapidarios desde el interior contra la provincia separada, aquí no escaseaban los desdenes contra la Argentina situada del lado olvidable del Arroyo del Medio. En la Legislatura, en la prensa, en la oratoria partidaria, los porteños no disimulaban su aversión por sus hermanos con tonada... *"No hemos de consentir ser gobernados por un chino o un japonés ni, en el estado actual, por un provinciano"* –decía en 1853 Carlos Tejedor, protagonista treinta años más tarde de la última insurrección porteña. El mismo Tejedor decía en plena Legislatura, meses después: *"Los acontecimientos nos han puesto más solos a nosotros en esta lucha de trece provincias en contra, que yo llamo civilización y barbarie"*. Nicolás Anchorena, uno de los hombres más ricos del país, que perteneciera al riñón de Rosas, refiriéndose a la ley de límites sancionada por la provincia de Mendoza, afirmaba que su *"espíritu de encono y usurpación lo tienen todas las provincias contra Buenos Aires"*. Y el diputado Pirán: *"Más vale tratar con extranjeros y no con provincianos, que están llenos de envidia y prevención contra nosotros"*.

Claro que éstos eran los más exaltados, los porteño-sultra, que formaban un ala tan extremista como la que integraban en la Confederación quienes querían incorporar a Buenos Aires a sangre y fuego. Sus recíprocas invectivas envenenaban el proceso, pero también había gente, en uno y otro fragmento de la nacionalidad, que trataba de no echar leña a la hoguera y abrigaba la esperanza de que, con un poco de tiempo y buena voluntad, podrían salvarse los abismos que los separaban.

Sin embargo, nada hacía pensar que dejando todo librado a la evolución natural de las cosas la unidad podía recomponerse. Entre otros motivos, porque el desarrollo de Buenos Aires adquirió en esos años un ritmo sorprendente, mientras la Confederación languidecía. *"¿Y éste es el adelanto de los trece pueblos?"* —se preguntaba irónicamente *La Tribuna* en 1857, con motivo de la inauguración del Ferrocarril del Oeste–. *"Algunos ranchos para comandancia, seis vaporcitos, cuatro escuelas, dos iglesias. En cambio, nosotros tenemos nuestro muelle, nuestros ferrocarriles, nuestras aduanas, nuestros cientos de escuelas, nuestros grandes molinos, además del estado moral y de la educación del pueblo."* Y un año más tarde, en la apertura de la Exposición Ganadera Industrial, el diario de los Varela adoptaba un tono perdonavidas, sorprendiéndose por la escasa participación del interior, a pesar de haberse cursado invitaciones *"para que concurriesen con sus productos, por primitivos e imperfectos que ellos sean"*.

Es que, con toda evidencia, Buenos Aires prosperaba. A pesar de los frecuentes malones indígenas, la campaña producía volúmenes crecientes de lana —en 1865 el país sería el primer exportador mundial de este producto. La ciudad entraba en una fiebre de demoliciones y construcciones que asombraba a los visitantes; en la década de la segregación se edificó un monumental edificio para la Aduana —todo un símbolo—, el primer teatro Colón, clubes de residentes extranjeros y buenas casas particulares; se instaló alumbrado de gas en las calles céntricas, se empedró buena parte de ellas y se tendió el primer ferrocarril. El gobierno de Paraná, en cambio, no podía romper el círculo cerrado de su aislamiento; fracasaron diversos ensayos monetarios y un déficit paralizante le impedía toda obra de progreso, pese a los buenos propósitos de los poderes públicos. Todo faltaba en la Confederación: hombres, dinero, caminos, mano de obra capacitada y, sobre todo, un puerto de ultramar. Buenos Aires, en cambio, mantenía una vida política e intelectual vivaz, recibía una inmigración moderada pero constante, su papel moneda era aceptado en toda la provincia, había capitales para poner en marcha las empresas más diversas. Pero en el fondo de los corazones porteños latía el remordimiento del país desgarrado. Era la presión imponderable de la historia la que pesaba en aquellos años, más que cualquier recurso político, sobre el espíritu de los dirigentes menos empecinados: el recuerdo de una Buenos Aires que había encabezado las grandes iniciativas integradoras y ahora se complacía en una indiferencia antinacional.

En los primeros momentos de la disidencia, desde Buenos Aires y desde Paraná se había promovido más o menos clandestinamente, con la aquiescencia o la ignorancia cómplice de sus respectivos gobernantes, una serie de provocaciones de todos los matices: expediciones armadas, intrigas, sobornos, campañas de prensa que recogían las pasiones más descontroladas. Ante el fracaso de estos recursos y el riesgo que entrañaba su uso, la competencia entre la Confederación y el Estado disidente se fue trabando en terrenos menos violentos. Pero el atraso de la Confederación, privada de lo que en justicia pertenecía a la entidad nacional, y el aislamiento del Estado de Buenos Aires, culpable de retenciones indebidas, tornaban cada vez más limitado el espacio de esta experiencia, que jugaba a hacer dos países con lo que históricamente había sido siempre una nación, o mejor dicho, una nacionalidad.

Después del fracaso de la ley de derechos diferenciales –que intentaba boicotear el puerto de Buenos Aires para privilegiar al de Rosario, única salida de la Confederación al exterior– el Congreso Nacional, reunido en Paraná, formalizó un ultimátum contra el Estado separado y autorizó al presidente a incorporarlo por la fuerza (mayo 1858).

La unidad salvada

Era la guerra. Y en este terreno, la Confederación era temible. Después de frustradas gestiones de avenimiento, la batalla se trabó en Cepeda (octubre 23, 1859) donde Urquiza derrotó por segunda vez a Buenos Aires. Pero el presidente había aprendido mucho en esos años: detuvo su marcha en San José de Flores y allí consintió en buscar un entendimiento pacífico. Sabía que desde el punto de vista militar, acometer la toma de la ciudad porteña era difícil y sería sangriento; en el plano político y moral, un ataque semejante abriría un tremendo abismo con la provincia rebelde, cuya buena voluntad se necesitaba para todo emprendimiento nacional futuro. Se limitó, entonces, a exigir el desplazamiento de los porteños más extremistas para poder negociar con un gobierno provincial moderado.

El acuerdo se logró el 11 de noviembre. La provincia revisaría la Constitución Nacional, en cuya sanción no había intervenido, y sus propuestas de reforma serían tratadas por un congreso constituyente *ad hoc*, con el valor entendido de que se aceptarían. Hecho lo cual, sus representantes habrían de incorporarse a los cuerpos legislativos nacionales para perfeccionar la integración de Buenos Aires a las instituciones de la Confederación. Además, la Aduana pasaría a poder de la Confederación, que a su vez garantizaría a la provincia su presupuesto durante los próximos seis años. Nada se decía de la futura capital.

El Pacto de San José de Flores salvó la unidad nacional. Fue una salida honrosa para la derrotada Buenos Aires y un acto de inteligencia y ductilidad política por parte de los dirigentes de Paraná, especialmente, Urquiza. No importa lo que haya ocurrido después, el instrumento impidió que la integridad nacional quedara irremediablemente dividida en dos o tres fragmentos. Lo que es más importante, no humilló a Buenos Aires: la opinión pública porteña, astutamente dirigida por Mitre, virtual interlocutor de la negociación, tuvo la sensación de haber triunfado en la mesa diplomática, así como estaba convencida de no haber sido derrotada en el campo de batalla. *"...probemos con nuestros hechos que al ingresar nuevamente a la gran familia argentina, lo hacemos con nuestra bandera, con nuestros hombres, con los mismos principios que hemos sostenido por el espacio de siete años"* –arengaba Mitre en una Orden del Día al "Ejército de la Capital" días después del pacto.

El porteño común podía complacerse en la creencia de que la invencibilidad de su provincia no había sido violada, pero los dirigentes no se engañaban. Aunque estuvieran divididos en la disputa interna del poder, todos partían de un concepto muy claro: si Buenos Aires tenía que vincularse nuevamente a los "trece ranchos", que así fuera, pero dominándolos. No de otro modo consentían en interrumpir la segregación que, en definitiva, había probado ser redituable...

De modo que a partir del Pacto de Unión, todos los esfuerzos de la *élite* porteña se dirigieron a buscar la manera de aprovechar la forzosa reunificación para que la provincia recuperara su antigua posición de "hermana mayor". Por de pronto había que crear bases políticas en el interior y con este propósito salieron de Buenos Aires docenas de mensajes a las personalidades de provincias más afines. Así, Mitre escribía meses después a Manuel Taboada, que esperaba *"vincular real y verdaderamente a Buenos Aires al resto de la República, dando a los pueblos esta base de libertad, de fuerza y de riqueza* (Buenos Aires, F. L.) *para que se apoyen en ella, se emancipen legalmente de influencias bastardas y se organicen democráticamente como verdaderas provincias federadas..."*. Y precisaba todavía: *"lo que conviene es estrechar la liga de las provincias del Norte (...) y procurar atraer más y más a Córdoba (...) Cuando el Partido Liberal prepondere en el interior y pueda levantar su voz con energía contando el litoral con el apoyo de Buenos Aires (...) sería inhábil y cobarde comprometer nuestra suerte presente y el porvenir de la patria a consideraciones transitorias y pusilánimes"*. Terminaba diciendo el gobernador de Buenos Aires a su colega santiagueño, que podía contar con él y *"con todos los recursos que Buenos Aires puede suministrar, tanto para su adelanto como para su seguridad interior"*. Con menos perífrasis y más desenfado, un político del círculo taboadista se dirigía a Mitre pidiendo fusiles, fulminantes, tercerolas, sables y municiones: *"¿Y no podrían también venir disfrazados de comerciantes, frailes o cualquier cosa, veinte o veinticinco oficiales, de los mil que pululan ociosos en la casa de Gobierno?"* –insinuaba.

Cuando estas cartas se cruzaban (abril 1860) el proceso previsto por el Pacto de Unión se estaba descomponiendo rápidamente. Los sucesos de San Juan (asesinatos de Benavídez y Aberastain), el rechazo de los diputados porteños al Congreso Nacional por haber sido elegidos según la ley provincial y no por la nacional, como correspondía, superaban en sus efectos negativos la rápida aceptación que se había hecho de las reformas constitucionales propuestas por Buenos Aires. Por otra parte, Urquiza había concluido su mandato presidencial y su sucesor, Derqui, debía manejarse con extremo cuidado entre su propia debilidad y el poder real de su antecesor, circunstancia que no dejaba de apreciarse al otro lado del Arroyo del Medio.

En suma, los dirigentes porteños se aprestaban nuevamente para la guerra y hasta para una independencia total, cuyas condiciones prepararon en el mayor secreto mediante el envío de algunos emisarios oficiosos a Montevideo y Río de Janeiro.

Al fin resultó patente que de nuevo se avecinaba el conflicto armado. Hubo, como antes, negociaciones que no llegaron a buen término y el invierno de 1861 pasó entre preparativos bélicos, gestiones frustradas, acusaciones recíprocas e intrigas de todo tipo. En un punto no lejano al escenario de las dos batallas de Cepeda tuvo lugar el encuentro de Pavón (setiembre 17, 1861). En un primer momento, el triunfo pareció corresponder a las fuerzas federales, pero inesperadamente Urquiza abandonó el campo y pocas horas más tarde Mitre asumía la sorprendente realidad de su victoria.

Ahora sí se abría una nueva etapa en la Nación Argentina, signada por la hegemonía de Buenos Aires. Acaso el enigma del retiro de Urquiza, que ha desvelado a tantos historiadores, se debía a esta convicción íntima: que el precio de la unidad nacional era dejar su instrumentación en manos de la provincia más fuerte, más atropelladora, para que la llevara a cabo a su manera.

El nuevo orden de cosas

Pero la manera con que el grupo dirigente porteño manejó sus nuevas relaciones con las provincias, no fue pacífica ni galante. Autoproclamada la campeona del liberalismo –como si el problema de la reorganización nacional fuera ideológico– Buenos Aires envió "expediciones pacificadoras" que sacaron y pusieron gobiernos en el interior para adecuarlo al "nuevo orden de cosas" surgido en Pavón. Los "cuatro gatos" que, según la expresión de Mitre, formaban el partido Liberal en el interior, recibieron los gajes del poder a través de la desembozada presión de los procónsules porteños (generalmente orientales) mientras Urquiza, impasible en su reducto entrerriano, miraba desplomarse la arquitectura política federal.

Sólo un caudillo, el Georges Cadoulal de la causa vencida –en la romántica comparación del poeta Andrade– hizo de su tierra la *Vendée* de la resistencia: pero el Chacho fue finalmente asesinado (noviembre 1863) no sin denunciar la brutal política de Buenos Aires: *"Si Ud. estuviese en estos Pueblos vería cuanto han sufrido y cuanto los han asesinado y vería también que este movimiento es contra otra tiranía peor que la de Rosas"* –decía el Chacho a Urquiza poco antes de su muerte, pidiendo un apoyo que nunca le llegaría.

Menos aún apoyaría el entrerriano a Felipe Varela, que tres años después de la muerte del Chacho encabezó una nueva reacción que incendió nueve provincias. *"Ser porteño es ser ciudadano exclusivista; y ser provinciano, es ser mendigo sin patria, sin libertad, sin derecho"* –clamaba Varela en la proclama que justificaba su alzamiento. Su posición se explicitó, después de su derrota, en un Manifiesto que, con abundancia de pasión pero no exento totalmente de verdades, atribuía, muy al modo de Alberdi, a un problema de rentas nacionales la vocación hegemónica de Buenos Aires. Decía el vencido de Pozo de Vargas: *"La Nación Argentina goza de una renta de unos 10 millones de duros, que producen las provincias con el sudor de su frente. Y sin embargo, desde la época en que el Gobierno libre se organizó en el país, Buenos Aires, a título de Capital, es la provincia única que ha gozado del enorme producto del país entero, mientras en los demás pueblos, pobres y arruinados, se hacía imposible el buen quicio de las administraciones provinciales por la falta de recursos y por la pequeñez de sus entradas para subvenir los gastos indispensables del gobierno local.*

"A la vez que los pueblos gemían en esta miseria sin poder dar un paso por la vía del progreso a causa de su propia escasez,

la orgullosa Buenos Aires botaba ingentes sumas en embellecer sus paseos públicos, en construir teatros, en erigir estatuas y en elementos de puro lujo. De modo que las provincias eran desgraciados países sirvientes, pueblos tributarios de Buenos Aires que perdían la nacionalidad de sus derechos cuando se trataba del tesoro nacional. En esta verdad está el origen de la guerra de cincuenta años en que las provincias han estado en lucha abierta con Buenos Aires, dando por resultado esta contienda la preponderancia despótica del porteño sobre el provinciano hasta el punto de tratarlo como a un ser de escala inferior y de más limitados derechos. Buenos Aires es la metrópoli de la República Argentina, como España lo fue de la América. Ser partidario de Buenos Aires es ser ciudadano amante de su patria; pero ser amigo de la libertad de las provincias y de que entren en el goce de sus derechos, ¡oh! eso es ser traidor a la patria y es, por consiguiente, un delito que pone a los ciudadanos fuera de la ley.

"He ahí, pues —concluía Varela— *los tiempos del coloniaje existentes en miniatura en la república; y la guerra de 1810 reproducida en 1866 y 67, entre el pueblo de Buenos Aires (España) y las provincias (colonias americanas).*"

El documento es interesante porque recoge todos los tradicionales agravios provincianos contra Buenos Aires y expresa los sentimientos que envenenaban el espíritu de los sectores federales del interior respecto del "nuevo orden de cosas". Pero cuando Varela andaba en sus épicas lides, un nuevo motivo de resentimiento movilizaba a muchos provincianos contra la conducción porteña: la guerra contra el Paraguay.

No se entendían en el interior los motivos del conflicto, ni los corazones provincianos habían vibrado de emoción patriótica, como ocurrió en Buenos Aires cuando llegó la noticia del ataque paraguayo contra Corrientes. Si en el litoral se le desbandaron los reclutas a Urquiza, en el interior hubo que cazarlos en los montes... Sobran testimonios de la compulsión con que debieron integrarse las cuotas de hombres que salieron de las provincias del norte y centro con rumbo al frente. *"En mi comisión a la sierra se han presentado 40 y tantos hombres, de estos la mitad buenos y la otra presentados 'a bola'. Para infundirles confianza los he ido agregando a la División, fuera de 11 que tengo entramojados."* Así anoticiaba el gobernador de La Rioja (un coronel porteño) el reclutamiento de los voluntarios de la provincia: capturados con boleadoras y engrillados...

Es cierto que en esta resistencia no intervenían tanto factores políticos –como lo han sostenido historiadores revisionistas– cuanto la ancestral e intuitiva renuencia del paisano del interior a marchar lejos de sus pagos: ya a mediados del siglo XVIII, riojanos y catamarqueños se habían sublevado contra la obligación de integrar las milicias que debían expedicionar periódicamente contra los indios del Chaco. Pero aunque fuera así, quienes los enganchaban por la fuerza, los engrillaban y molían a palos, los custodiaban como facinerosos y los entregaban, finalmente, a los regimientos que irían a esa guerra, para ellos lejana e incomprensible, eran oficiales porteños o gobernantes extraños a la localidad, impuestos como parte de la política iniciada en Pavón.

Nunca hubo un resentimiento tan acentuado contra Buenos Aires en el litoral y el interior como en la década de 1860. La reorganización nacional aparecía como una empresa de sometimiento al poder militar porteño; la guerra contra el Paraguay, una empresa puramente bonaerense. Aunque formalmente la Nación Argentina era una sola, las grietas en su unidad eran muchas y profundas.

Mitre, sin embargo, trató de encontrar un equilibrio entre su condición de representante del sector dirigente porteño y su función de presidente de todos los argentinos. Poco después de Pavón había desestimado los consejos de algunos de sus amigos, que lo inducían a desentenderse del resto del país y proclamar la independencia total del Estado de Buenos Aires. Primó en la oportunidad su sentido nacional: casi diríamos que la historia le impidió caer en ese abismo. *"Es necesario tomar esta República como Dios, o más bien, como los hombres hechos por Dios, la han hecho; y valerse de ellos mismos para mejorarlos y mejorarla"* –escribía por esos días. Era una actitud patriótica, pero también realista: el vencedor de Pavón no estaba dispuesto a rifar su sorpresiva victoria. Dio entonces mano libre a sus lugartenientes para que unificaran el panorama político del país, y una vez que Urquiza quedó neutralizado y las provincias agregadas al "nuevo orden de cosas", puso en marcha un mecanismo de reconstrucción de los poderes nacionales que no se diferenciaba mucho del que había promovido Urquiza diez años antes. Pero había una gran diferencia entre 1852 y 1862: existía ahora una Constitución, que Buenos Aires había jurado.

Sobre esta base Mitre dirigió el proceso que culminaría con su consagración canónica como presidente. Buenos Aires había logrado el triunfo a través de su más conspicua expresión humana. Pero ahora llegaba el momento de asumir responsabilidades nacionales. Fue cuando el flamante presidente intentó borrar algunas de las heridas que habían dejado sus procónsules, haciendo votar leyes de subsidio para las provincias más perjudicadas por la guerra y promoviendo posteriormente la creación de colegios nacionales en casi todas sus capitales. Pero la presencia de los regimientos de línea custodiando el orden, en nada contribuía a cicatrizar el tejido conjuntivo del país, demasiado sensibilizado. Además, tampoco pudo

Mitre convencer a la provincia bonaerense de la necesidad de ceder su ciudad para sede de las autoridades nacionales (pues al desaparecer el gobierno de Paraná nadie discutió la conveniencia de instalar el gobierno central en su escenario histórico), aunque éstas estuvieran encabezadas por un porteño como él. Su proyecto de federalizar la ciudad, enviado a la Legislatura porteña antes de su designación presidencial, naufragó estrepitosamente y provocó la escisión de su partido, del que se apartó la fracción autonomista liderada por Adolfo Alsina. Finalmente, los dirigentes bonaerenses transaron en otorgar a su ciudad la calidad de anfitriona de los poderes nacionales: éstos serían huéspedes por un período de tres años, renovables. Solución que podía mantenerse mientras existieran coincidencias políticas entre el gobierno nacional y el de la provincia de Buenos Aires, pero que estallaría si ambas entidades llegaban a enfrentarse.

Fueron años de tremendas luchas, que a veces se desarrollaban en los comicios a balazos y cuchilladas, o se tramitaban en múltiples campos de batalla locales. La unidad nacional era sólo una palabra, casi sin contenido. Las divisiones eran feroces: entre porteños y provincianos, en primer lugar, pero además entre "crudos" y "cocidos", entre nacionalistas y federales, entre "paraguayistas" y "brasileristas", entre masones y clericales. Miguel Cané cuenta en *Juvenilia* los titeos que debían padecer en el Colegio Nacional de Buenos Aires los estudiantes que venían del interior: a este nivel adolescente llegaban las escisiones de la familia argentina en aquella época... La unificación impuesta después de Pavón parecía mucho peor que el estado de separación entre la Confederación y Buenos Aires.

No obstante estas circunstancias, con escasa espectacularidad se estaban operando silenciosamente ciertos procesos profundos y decisivos que habrían de ser poderosos factores de unidad nacional en el futuro.

Pocos fueron los que lo advirtieron en esos años, porque la obsesiva politización de la época obnubilaba la capacidad de análisis de los más agudos observadores. Pero lo cierto es que, por ejemplo, en los esteros paraguayos maduraba una inédita solidaridad entre jefes, oficiales y soldados oriundos de distintos puntos del país: y la idea de un ejército verdaderamente nacional se robustecía en las vigilias de los campamentos. O que, a pesar de pullas estudiantiles, en las aulas del colegio de Concepción del Uruguay o del Nacional de Buenos Aires, se estaban creando amistades sólidas entre porteños y provincianos, que sobrevivirían a cualquier enfrentamiento político. El Congreso Nacional, donde por primera vez después de casi cuatro décadas había representantes de todas las provincias, era un foro y un escenario donde se debatían los problemas generales sin prejuicios irracionales ni estereotipos localistas. Como también es indiscutible que el periodismo (el "diarismo", como se lo llamaba entonces) intercambiaba informaciones de todas las comarcas argentinas, rompiendo los hermetismos lugareños y haciendo conocer mejor las realidades regionales a través de la progresiva instalación del telégrafo y el avance, todavía lento pero ya importante, de los ferrocarriles.

En aquellos años signados por la guerra contra el Paraguay, los malones indígenas en la frontera sur, las reiteradas algaradas provinciales y las epidemias que culminaron en 1871 con la fiebre amarilla, el avance del progreso con todas sus consecuencias estaba trabajando como un ingrediente que tendía a borrar divisiones, establecer una mejor relación entre la provincia bonaerense y el resto del país y, sobre todo, dar más solidez al Estado Nacional, todavía endeble y vulnerable. Esto y la progresiva aparición de una generación nueva, civil y militar, que no había vivido intensamente los enfrentamientos de la Secesión, habrían de acelerar un proceso de integración que ya era indetenible aunque lo visible del mismo fuera escasamente indicativo de esta tendencia.

Lo nacional versus lo bonaerense

Como estas páginas no intentan ser una Historia de la Argentina, no entrarán en la crónica menuda de los años siguientes. Pero sí hay que decir que las presidencias de Mitre, Sarmiento y Avellaneda tuvieron un elemento común, por lo menos: fueron gobiernos débiles.

Mitre debió enfrentar las insurrecciones del Chacho y Varela, soportó la disidencia de Alsina y cuando llegó al término de su mandato careció de fuerza para imponer su sucesor; se limitó a bloquear las candidaturas que le eran más hostiles, debiendo resignarse a aceptar un personaje incontrolable como era Sarmiento. Este, por su parte, gastó buena parte de sus energías en la represión de los alzamientos de López Jordán, tuvo el Congreso en contra y al concluir su gobierno debió enfrentar una revolución mitrista sostenida por una parte importante del ejército. Finalmente, Avellaneda se vio obligado a apelar a una forzada "conciliación" que era una manera de celebrar sus exequias políticas, y los últimos meses de su gestión estuvieron enmarcados por la insurrección tejedorista.

En síntesis, los tres titulares del Ejecutivo Nacional entre 1862 y 1880 sintieron duramente la debilidad del poder que ejercían y tuvieron que negociar su estabilidad.

En primer lugar, con el gobierno bonaerense. La provincia había cedido la Aduana a la Nación, de conformidad con la Constitución, pero su poder se robustecía constantemente a través de una dinámica de progreso que hacía, por ejemplo, que su Banco fuera más poderoso que el Banco Nacional, o que su presupuesto le permitiera disponer de más fondos que el presupuesto de la Nación. El 93 % de las rentas públicas nacionales, durante la presidencia de Sarmiento, provenía de los derechos de aduana; y la de Buenos Aires recaudaba el 81 % del total de los derechos de importación y el 77 % de los derechos de exportación. A partir de Mitre, la política económica de la Nación había acentuado su contenido liberal y eran compartidas por los gobernantes las palabras que pronunciara en 1863 el diputado Zavalía: *"La aduana es una institución exclusivamente destinada a la recaudación de los derechos fiscales y sólo en este carácter es consentida por la economía política, cuya aspiración suprema es tener por bases países sin frontera y pueblos sin aduanas; es decir, el librecambio en toda su amplitud, para realizar su sueño dorado: la regeneración y perfeccionamiento moral y material de las sociedades"*.

Como en la época de la colonia y de los gobiernos patrios, Buenos Aires seguía sustentando su poder en la condición intermediadora que ostentaba. Vicente Fidel López puntualizó esta circunstancia en 1875, en oportunidad de los debates planteados en torno a la posibilidad de instaurar una política proteccionista. Decía el antiguo defensor del Acuerdo de San Nicolás: *"Yo no me extraño que en Buenos Aires haya una gran masa de opinión a favor del librecambio, porque los intereses de los introductores, aunque no bien estudiados, son simplemente intereses intermediarios; trayendo mercaderías lujosas, vendiéndolas con ventaja, mandando al extranjero cueros y lanas en bruto hacen beneficios que no representan capitales para el país sino para capitalistas o sucursales extranjeras".*

Es curioso, sin embargo, que el poder porteño, abrumador en el plano económico, no se manifestara con la misma intensidad en lo político. Avellaneda fue impuesto por los gobernadores provincianos sobre la candidatura de Mitre, sostenida por Buenos Aires y Corrientes. Pero es cierto que en la puja de 1874 no jugaba el predominio del interior sobre la provincia porteña: se trataba, simplemente, de un frente político estructurado sobre los oficialismos locales y, por otra parte, el tucumano había sido ampliamente aceptado por la sociedad bonaerense. Sin embargo, en la lucha que precedió a la elección de Avellaneda, ya se mencionaba la necesidad de un *"espíritu nacional"* que superara el localismo porteño. Decía el general José Miguel Arredondo en carta a un político cordobés, en diciembre de 1872, que Alsina significaba *"aspiraciones estrechas... y el localismo"*, afirmando que su círculo sólo llevaría al poder *"las ambiciones de Buenos Aires"*, lo que contradeciría *"el espíritu nacional arraigado por fortuna en la conciencia pública"*.

¿Existía, realmente, un "espíritu nacional" en ese momento? Acaso no, todavía. Hasta la presidencia de Mitre, más o menos, Buenos Aires era una cosa y el resto del país era "el interior" o "las provincias"; pero entre las de Sarmiento y Avellaneda se va afirmando la existencia de una entidad nacional allí donde antes se veía nada más que la omisión de Buenos Aires... Empezaba a definirse una contradicción entre Buenos Aires y la Nación; no ya entre Buenos Aires y "el interior" o "las provincias". En la medida en que la Nación se sintiera suficientemente fuerte, el enfrentamiento sería definitivo.

Y el enfrentamiento llegó, inevitable, a caballo de la lucha presidencial de 1879/80, es decir, en seguida de la Conquista del Desierto.

Este momento histórico es particularmente importante. Por un lado, Buenos Aires ha logrado sacarse de encima el *handicap* que significaba la presencia de la indiada, con sus amenazas a los establecimientos rurales y a las nuevas poblaciones de esa "frontera" que constituía una mutilación al escenario de la creciente prosperidad provincial. Estaba, pues, Buenos Aires, en condiciones de concentrar su poder, sin distracción alguna, en la pulseada que se avecinaba. Por otra parte, la Nación, a través de la Conquista del Desierto, había demostrado la aptitud profesional de su ejército y también podía, sin otra preocupación, concentrar su fuerza contra la provincia insurrecta. (Una acotación al tema: el Estado Nacional prestó a Buenos Aires un enorme servicio terminando con el problema que tantas vidas, esfuerzos y dinero costaba a la provincia, lo que no fue obstáculo para que la provincia pretendiera más tarde buena parte del territorio que había sido liberado del dominio indígena mediante la iniciativa nacional.)

El choque entre Roca y Tejedor, pues, fue una lucha de candidaturas pero también, y principalmente, una comprobación entre dos entidades ya definidas y en posesión plena de sus instrumentos de poder: la Nación –antes "el interior" o "las provincias"– y Buenos Aires. El pretexto fue la futura presidencia y el resultado de la confrontación, no planteado programáticamente por los vencedores, la capitalización de la ciudad porteña. Y lo que quedó palmariamente demostrado después de las jornadas de junio de 1880 fue que la Nación era incontrastable en su poder político, e irresistible el proceso de robustecimiento del Estado Nacional.

Es entonces, a partir de 1880, cuando Buenos Aires empieza a jugar un papel diferente en la vida nacional. Por empezar, se separa lo "bonaerense" de lo "porteño".

Hasta entonces, las dos palabras eran sinónimas: "el gaucho porteño", "la pampa porteña". A partir de ahora, la provincia, con su nueva capital construida en tiempo récord, no tiene nada que ver con la ciudad, colocada bajo jurisdicción nacional. Se recordará que hacia 1815 Buenos Aires había conjugado las fuerzas rurales —o sea bonaerenses— con las urbanas —es decir porteñas— y en esta alianza descansó el poderío que esgrimió en las décadas siguientes; en 1880 cada uno de estos elementos empieza a caminar su propio camino.

IV. La Capital Federal

Buenos Aires ciudad, separada de la provincia, comienza en las dos últimas décadas del siglo XIX a adquirir características propias: un acento cosmopolita que la diferencia del resto del país, y una potencialidad política, financiera y cultural que reafirma su antigua hegemonía sobre terrenos ligeramente distintos de los que campeó anteriormente. Pero esto ocurre ahora con el consentimiento o la complicidad de los provincianos, que se sienten dueños de la metrópoli y no advierten que, en la medida que robustezcan el Estado Nacional que allí se asienta, están haciendo más cerrada la dependencia del país interior.

En la década del '80 empieza a cumplirse la profecía de Alem, aunque no exactamente con el método que el tribuno anticipaba: "*...se labra la base y se echan los cimientos para que en cualquier momento un gobernante malintencionado pueda avasallar el orden institucional que tenemos, dominando por su sola voluntad sin que halle obstáculo serio en su camino. Rosas ¿hubiera podido ejercer su dictadura sobre la República si no hubiera sido gobernador de Buenos Aires, teniendo bajo su acción inmediata y a su disposición todos los elementos de esta importante provincia? ¡Es claro que no (...). La solución que hoy se propone ha sido especialmente buscada por los monárquicos, los ultra-unitarios, los déspotas y los que querían desde aquí dominar a la República, levantando una oligarquía siempre subversiva de las instituciones democráticas (...). La tendencia descentralizadora y el sentimiento autonómico de los pueblos ha salvado hasta ahora la República federal...*".

La ciudad diferente

Hasta aquí Alem. Lo que no advertía el tribuno autonomista era que no se necesitaba un "gobernante malintencionado" para hacer de Buenos Aires un elemento centralizador. Buenos Aires lo era desde siempre, y siempre tendería a serlo, por su propia gravitación, por la fatalidad geográfica de su ubicación, por una tendencia irresistible de su ser, manifestada no sólo por Rosas –como sostenía Alem con excesivo esquematismo– sino por los virreyes, la Primera Junta, los dos triunviratos, el Directorio, la presidencia de Rivadavia y hasta por Mitre y Sarmiento. Lo que ocurría era que ahora, después de 1880, sacralizada por su condición de pertenencia nacional, Buenos Aires queda exenta de acusaciones de egoísmo localista: su creciente fuerza parecía, simplemente, un triunfo de la Nación.

Este postulado justificó el agrandamiento y embellecimiento que la Nación hizo en la ciudad que era suya. Un tucumano, Roca, y un cordobés, Juárez, fueron los presidentes que más trabajaron en este sentido. Así se amplió el ejido de la ciudad, que fagocitó los partidos de Belgrano y Flores, se construyeron grandes edificios públicos, se abrieron bulevares, se ampliaron parques, se aceleraron las obras del puerto. Todo parecía poco para la Capital Federal, regalona del país entero, espejo en el que se miraba la Nación para comprobar los saltos de su progreso. Fue desde entonces que la ciudad empezó a revestirse de otra de sus características: la de vidriera del país. Buenos Aires era un escaparate para los visitantes, los inversionistas y desde luego los inmigrantes; estos últimos, en gran proporción, preferían instalarse al lado de la vidriera sin pasar adentro... Centralización sobre centralización: el proyecto de Huergo para construir el puerto al sur de la ciudad, fue desechado para aceptarse el de Madero, que lo fijó frente mismo a la Plaza de Mayo, en el corazón de la urbe, afirmando así el control de Buenos Aires sobre la salida y entrada del país.

Porque, entre otras cosas, hacer de la ciudad porteña ese brillante muestrario, contribuía a disuadir de andar mirando el incómodo panorama que mostraba un país cuya riqueza se fundaba en el predominio casi excluyente de la pampa húmeda, el sector geográfico que generaba una producción que prometía rápida y remunerativa colocación en los mercados europeos. Por eso mismo, la ciudad se convertía contemporáneamente en la meta de toda carrera política y el ámbito donde se consagraban –o cancelaban– prestigios que necesitaban indispensablemente la homologación del público de Buenos Aires. Los prohombres provincianos hacían de la ciudad porteña la culminación de su carrera política, cuyo desiderátum era llegar al paraíso casi decenal del Senado. La participación en las grandes decisiones políticas, que les era negada por la estructura de un Estado cada vez más unipersonal, la suplían con el acceso a la administración central, cada vez más amplia, dotada de más y más retributivos empleos, casi todos establecidos en el ámbito capitalino. Y el éxodo provinciano no comprendía solamente *"a los hombres públicos o a los que simplemente han logrado hacer fortuna* –recordaba Leopoldo Velasco años más tarde– *porque éstos, cuando se han encumbrado y afianzado, arrastran consigo a toda su familia, comprendiendo a parientes, amigos y correligionarios, que colocan en lucrativos empleos, sustrayéndolos en tal forma a su solar nativo como elementos propulsores del progreso"* (*La Cuestión Capital de la República*, Córdoba, 1942, citado por Bonifacio del Carril en *Buenos Aires frente al país*, Buenos Aires, 1944).

Pero curiosamente, la ciudad nacional, a partir de su cambio de status, se desnacionalizaba. De 1890 en adelante, son varios los años en que la población de la Capital Federal es mayoritariamente extranjera. Lo que equivale a decir que, año a año, la sede del poder nacional se diferenciaba progresivamente del resto de la Nación. Un idioma propio, el lunfardo; un lenguaje gestual característico; una música típica, hasta una cocina particular, todo ello importado de la Europa meridional y mezclado con los residuos criollos de las orillas urbanas, van dando a la ciudad porteña una fisonomía cada vez más cosmopolita, cada vez menos argentina.

En los últimos años del siglo XIX, el ámbito metropolitano ofrece la siguiente paradoja: por un lado, los dirigentes del interior que se instalan aquí por motivos políticos o administrativos y se vinculan por matrimonio, propio o de sus hijos, a la sociedad porteña, sienten a Buenos Aires como algo entrañable de cuyo progreso se enorgullecen y cuyo halago buscan desesperadamente. Pero al mismo tiempo, el rostro de Buenos Aires adquiere rasgos itálicos, hispanos, eslavos, judíos, sajones, en un mosaico cuya figuración más característica será el conventillo. Nadie se alarma, por entonces, de esta contradicción. Al contrario: el aire babélico de la ciudad envanece a todos. Es la expresión de una tierra prometida por los vates y pensadores de la Patria Vieja, el lugar adonde acuden, finalmente, *"todos los hombres del mundo que quieran habitar el suelo argentino"*.

Por su propia fuerza y la que le es concedida, Buenos Aires ha vuelto a acumular los tres poderes que manejó con tanta destreza desde su erección como capital del Virreinato. El poder militar queda bien definido en 1890, cuando la revolución cívica limita su escenario a la ciudad, en el entendimiento de que, tomada Buenos Aires, caerá el país entero, un postulado que se reiterará en nuestro siglo de modo irrefutable. El poder administrativo se robustece a medida que el Estado Nacional va supliendo diversas funciones que algunas provincias no pueden asumir todavía: escuelas, obras de salubridad, caminos. El poder cultural tiene que ver con la carrera política o administrativa, pero también con el periodismo, las letras, las artes y, sobre todo, el intercambio de ideas, la formación de ese ambiente indefinible y poderoso que se da en llamar la opinión pública.

Nadie cree, por entonces, que esta acumulación de poderes sea nociva. Por otra parte, cómo podrían sentirlo así esos provincianos inteligentes que hallaban aquí el escenario adecuado para el desarrollo y el aprecio de su talento, Joaquín V. González, Ricardo Rojas, Leopoldo Lugones, Manuel Gálvez, Osvaldo Magnasco, Ramón Cárcano y tantos otros, encontraron en la metrópoli un público atento que proyectó sus personalidades a todo el país. Muchos de estos hombres recordarán con cariño el suelo nativo, sus tradiciones, el sabor ancestral de su heredad: pero no habrían sido quienes fueron, a no intervenir el éxito logrado en Buenos Aires. Y esto era un nuevo motivo para considerarla un factor de contrapeso, un elemento de equilibrio digno de ser preservado, mejorado, robustecido.

Paralelamente, Buenos Aires vivía otro tipo de crecimiento menos espectacular pero, a la larga, más redituable. Los espacios vacíos del ejido municipal se llenaban de barrios nuevos –tal como relata James Scobie– en un movimiento que iba del puerto hacia los suburbios, copiando el mismo dibujo que definía por entonces la estructura productiva del país, de Buenos Aires hacia los confines de la pampa húmeda. Un doble embudo o, más bien, un embudo metido dentro de otro, cuyo pico único se volcaba sobre el estuario: el cuerno de la abundancia que habría de cantar Rubén Darío en el Centenario.

No sólo barrios. También establecimientos industriales de toda laya —y éste es el crecimiento redituable aunque silencioso que en los primeros años de este siglo empezó a manifestarse. Pequeños talleres que al principio elaboraban los productos primarios del país y luego, a medida que el consumo lo iba permitiendo, avanzaban sobre los rubros más diversos. En su *Historia de la Industria Nacional* (Bs. As., 1951) Adolfo Dorfman señala que en 1908 la producción industrial nacional equivalía a $ 1.227 millones, y la importada a $ 680. Pero en 1913 la producción argentina ya era de $ 1.660 millones, y la importada sólo había subido a $ 880 millones. Este mismo año la Capital Federal era sede del 35 % de la potencialidad industrial argentina y contaba con el 40 % de los motores eléctricos de todo el país, porcentajes que aumentarían si les agregáramos las industrias que crecían en los núcleos urbanos aledaños: todavía no se conocía la palabra "conurbano", pero Avellaneda o Lanús ya constituían una incipiente realidad industrial inseparable de la de Buenos Aires.

He aquí un nuevo rol, adquirido en pocas décadas. Hasta los años '70 del siglo pasado, Buenos Aires no había sido una productora significativa de bienes. Éstos venían del campo: lana, tasajo y después carne congelada; más tarde, trigo, maíz, lino, etc. Buenos Aires había sido siempre la gran productora de servicios y la intermediadora de la economía de exportación y de sus retornos manufacturados. Pero a partir de la década de 1870 y como consecuencia de los inmigrantes que se quedan, la ciudad va adquiriendo su nuevo rol de fabricante. Metalurgia, textiles, productos alimenticios y químicos brotan ahora de miles de establecimientos porteños, en su mayoría de nivel pequeño y envergadura familiar. Paralelamente al crecimiento industrial prosperan las entidades financieras que manejan el ahorro de los industriales y de la creciente clase media. Y como estas entidades no abandonan sus tradicionales actividades de prestamistas de los productores agrarios y financiadores del comercio, la resultante será un gran poder financiero radicado en Buenos Aires, íntimamente conectado a las actividades productivas del país pero, sobre todo, de la ciudad.

Volvemos a destacar que esta concentración de poder no alarmaba a nadie. Como no inquietaba tampoco el virtual unitarismo que regía la vida del país desde 1880, cuya fuerza se fundamentaba en la ciudad que era sede del poder nacional. El presidencialismo se apoyaba en una estructura política cada vez más centralista. *"Un político argentino puede resistir la seducción del poder, del dinero, de las mujeres... Lo único que no podría resistir nunca, es una insinuación del presidente de la República"*, solía decir don Julio Costa, uno de los dirigentes conservadores más expectables. Y la fuerza presidencial se basaba en la fuerza de Buenos Aires, donde todo se resolvía.

No varió esta situación –adelantémoslo– la llegada del radicalismo al poder. Por el contrario, la agravó, ya que la política de "Reparación" implicaba la intervención a las provincias gobernadas por el "Régimen", con lo que la suerte de los Estados federales volvió a ser jugada en la Capital: más definidamente, en la reducida área que corre entre la Casa Rosada y el Palacio del Congreso, incluyendo los hoteles de la Avenida de Mayo donde solían alojarse los políticos provincianos –oficialistas u opositores– que venían a enterarse de lo que ocurriría en sus pagos.

Es claro que en estas oportunidades los conservadores clamaron por la violación del federalismo. Pero ya se sabía que para ellos, federalismo no era otra cosa que preservar el sagrado de sus feudos.

Resulta significativo comprobar, por otra parte, el desdén con que los círculos conservadores y los medios aristocratizantes vieron el costado político de Buenos Aires como la concreción de sus peores temores. Don Julio Costa instaba a los socialistas, en 1915, a quedarse en el distrito metropolitano y no salir de ese ámbito, para no contagiar con su prédica al resto del país. Años más tarde, en 1944, Bonifacio del Carril lamentaba que *"la turbamulta porteña se adueñó del poder"*, a partir, por supuesto, de la vigencia de la ley Sáenz Peña. Con más claridad, Álvaro Melián Lafinur decía en *Buenos Aires, imágenes y semblanzas* (Bs. As., 1939) que *"una política inmigratoria inspirada en ideologías ingenuas y en apotegmas falaces (...) ha facilitado hasta no hace mucho la invasión de la Capital por esa enorme población parasitaria cuyo destino natural estaba, en todo caso, dentro de los campos desiertos, y que enquistada en la metrópoli, contribuye a la descomposición política, al materialismo brutal, a la corrupción del gusto y a la decadencia de las costumbres"*. La queja de Melián Lafinur no habría sido tan amarga si los parasitarios no hubieran tenido la disgustante costumbre de votar invariablemente a radicales o socialistas, en el distrito metropolitano.

La Reina del Plata

Sea como fuere, los agravios contra el crecimiento de Buenos Aires, si se expresaban, no iban al fondo del asunto en las primeras décadas de este siglo. En esta época sólo hemos registrado una voz de alarma seria y desinteresada, fundada en el desequilibrio que está provocando el gigantismo porteño. Esta voz fue la de Juan Alvarez, que escribía en 1918: *"Las leyes que han transformado a Buenos Aires en cabeza excesiva de la República son fruto espontáneo de la voluntad o la 'non curanza' de congresos donde la ciudad estuvo siempre en minoría. No cabe imputarlos a este o aquel partido; en masa, la nación trabajó para contar en su seno, como cosa propia, a la primera urbe del mundo entre las de habla hispana, la segunda entre las latinas. Hoy se siente orgullosa reflejando sobre la colectividad argentina un prestigio que jamás nos habrían aportado las chacras, las estancias, los viñedos o no importa qué otros elementos de la riqueza nacional. Buenos Aires será una enfermedad, pero no podemos negar que agrada mucho al paciente".* Y agregaba Álvarez: *"¿Cabe curación a esas condiciones? Pienso que sí. Creo que podemos detener o moderar la velocidad con que crece nuestra metrópoli, durante el tiempo indispensable para que el desarrollo normal de las otras regiones del país suprima la desproporción hoy existente. ¿Cómo? Retirando paulatinamente a la ciudad el apoyo de algunos factores artificiales que determinan la aceleración de su crecimiento. Construida ya la gran urbe que nos hacía falta, no hay objeto en conservar en ella peligros y molestias innecesarios. No es dudoso que varios años de descanso aprovechen a Buenos Aires para corregir múltiples deficiencias edilicias: el remedio haría bien a todos".*

Por supuesto, nadie atendió esta sugestión de congelar el crecimiento de Buenos Aires, que llevaba implícita una posible descapitalización de la ciudad. Cuatro años antes de la reflexión de Álvarez, el Censo demostraba que aquélla, con lo que hoy llamamos el conurbano, acopiaba la cuarta parte de la población total del país.

El proceso continuó a lo largo de la década del '20. Ahora Buenos Aires era "La Reina del Plata" y a los trabajadores vinculados a la actividad industrial que había sobrevivido a la Primera Guerra Mundial, se sumaba un creciente sector volcado a actividades terciarias, que reforzaba el prestigio y la función intermediaria de la Capital. Este rol, tradicional pero acentuado cada vez más, se robusteció más aún en la década siguiente, cuando la ley 11.658 creó el sistema troncal de caminos nacionales que no hizo sino reforzar el dibujo de ejes volcados hacia el puerto ya establecido por la red ferroviaria, ahora tambaleante ante la competencia del automotor.

Pero en estos años '30 también sobreviene un fenómeno que pasó por entonces casi inadvertido: la inmigración interna desde los espacios rurales argentinos hacia la Capital Federal y sus aledaños. *"En poco más de diez años, un millón de personas afluyeron desde las provincias, atraídas por los empleos que generaron las nuevas actividades industriales y la realización de equipamientos (...) Cierto es que también crece el resto de la Argentina urbana, bajo los efectos de una fuerte transferencia de la mano de obra agrícola a las tareas vinculadas con el equipamiento de las ciudades y la provisión de servicios; pero la tendencia a 'bajar a la Capital' fue tan fuerte, que ésta llegó a concentrar más de la tercera parte de la población del país, casi la mitad de toda la población urbana nacional."* (*La organización del territorio*, por Juan Ballester Peña, Buenos Aires, 1977.)

En efecto, a partir de 1935 cien mil argentinos interiores se fueron radicando, cada año, en Buenos Aires y sus alrededores. Huían de la miseria de sus pueblos y chacras; eran capaces de hacer cualquier trabajo y los sueldos relativamente altos de las fábricas les significaban una mejora en su calidad de vida que les había sido desconocida hasta entonces. Se instalaban silenciosamente, casi vergonzantemente, en los barrios periféricos de la ciudad o en sus suburbios y pronto desbordaron la capacidad de absorción de las viviendas. Entonces fueron construyendo campamentos precarios que se convertirían en permanentes. De todos modos, allí vivían mejor que en sus lugares de origen y les sobraba dinero para los gustos que ansiaban darse, desde una camisa de "piel de tiburón" hasta un bolígrafo asomando en el bolsillo del saco... Traían la memoria de sus cantos, sus danzas, sus ritos, sus tradiciones. Al principio, este patrimonio cultural sería cultivado sólo por ellos, herméticamente, en sus puntos de reunión; con el tiempo lo entregarían a esa ciudad que los miraba con desapego.

La llegada de los "cabecitas negras" acarreó profundas consecuencias. En primer lugar, en el orden político, expresadas en 1945/46 en el apoyo que darían a Perón, dirigente novel pero hábil descubridor de la realidad electoral inédita que significaba esa masa, cuyas lealtades a los partidos tradicionales tendían a diluirse en beneficio de quien, como él, supiera garantizarle una nueva dignidad en su trabajo. La otra consecuencia importante fue la reargentinización de Buenos Aires.

De esto hablaremos líneas adelante, pues conviene recapitular ahora lo que había ocurrido en sesenta o setenta años de capitalidad porteña. Pues las líneas sobre las cuales se había desarrollado la ciudad llegaron a reconvertirla en algo totalmente diferente del resto del país. La concentración del poder económico y financiero, la circunstancia de ser la sede de un poder político cada vez más omnipotente y centralizado fuera quien fuere su titular, la aleación étnica que contenía, con todas sus expresiones culturales, hasta su ubicación geográfica, hacían de

Buenos Aires un elemento distinto de la realidad del resto de la Argentina. No ajeno ni contrario, por supuesto: distinto.

Hasta en política era diferente: a partir de la ley Sáenz Peña, cuando las luchas electorales se libraban en todo el país entre radicales y conservadores, el distrito metropolitano era escenario de los enfrentamientos entre radicales y socialistas; en 1930 ganó en la Capital Federal un partido que no existía en ningún otro punto del país, el socialista independiente; y en la década siguiente el distrito capitalino sería el único donde no se perpetraba fraude.

Por otra parte, Buenos Aires, que en tiempos del Virreinato había afirmado su poderío sólo en su conjunto urbano, y que luego se había identificado con la Provincia de la que se separaría en 1880, ahora era un conglomerado que se unificaba con varios partidos bonaerenses. El "Gran Buenos Aires" era una realidad social, económica, financiera, industrial y de servicios; lo único ficticio era que gente cuyo tiempo y trabajo se invertía mayoritariamente en la Capital, pagara impuestos municipales a otra comuna.

Era la megalópoli sobre cuya influencia desequilibrante habían alertado algunas voces durante la década del '30.

El cuestionamiento a la Reina del Plata

Fueron unas pocas opiniones y no produjeron, en su momento, más que una moderada curiosidad. Sus cuestionamientos se referían, básicamente, a dos aspectos: el carácter de ciudad de servicios que investía Buenos Aires, y el desequilibrio que su enormidad acarreaba al país.

Así, Florencio Escardó, en *Geografía de Buenos Aires* (Bs. As., 1938), reflexionaba: *"Toda la República trabaja para que Buenos Aires coma, pero Buenos Aires come para que toda la República trabaje. Además Buenos Aires administra, es decir, dilapida: lo significativo está en que no dilapida para que el resto de la República pueda vivir, dilapida y nada más"...* "*Los argentinos tuvieron cabeza, pero no Capital, y si Buenos Aires pudo ser la ciudad de los argentinos, no es, y de ello no cabe duda, la capital de la Argentina. Buenos Aires se avino a la fórmula federal pero siguió actuando y sintiendo como unitaria; en vez de encefalizar a la Nación y de estimular la soberanía de las provincias ha tratado de sustituirlas; vale decir, de anularlas. Por lo demás, sabe que el resto del país hace lo que ella quiere.*"

Y Ezequiel Martínez Estrada (*La cabeza de Goliat*, Bs. As., 1940): "*Buenos Aires es un fenómeno psicológico y algo así como la inteligencia de este grande país*"... "*Buenos Aires no ha participado en el destino y las vicisitudes del interior, en grado siquiera proporcional a como el interior ha sufrido las de Buenos Aires...*" "*...las grandes ciudades de provincia han delegado en Buenos Aires... ricas porciones de la vida superior del espíritu y cuanto significa continuidad con lo anterior y responsabilidad del futuro. Esta transferencia no se ha hecho, por supuesto, a Buenos Aires como urbe, sino a Buenos Aires como Nación. Quiero decir que no se trata de un depósito de bienes materiales voluntariamente hecho, cuanto de un holocausto de carácter psíquico o religioso, si se prefiere. Las provincias han creído que Buenos Aires, como sede de las autoridades nacionales, era el punto supremo de las aspiraciones de todos, mientras que Buenos Aires procedió con esos aportes sagrados con un criterio no sólo unitario sino verdaderamente municipal. Se engrandeció, se embelleció, se fortificó, mas exclusivamente como urbe y no como capital federal*".

Alejandro Bunge, uno de los escasos analistas que venían examinando atentamente la evolución del país (desde 1909 y más especialmente desde 1918 a través de su *Revista de Economía Argentina*), llamaba la atención en 1940 sobre *"el país abanico"* resultante de un creciente desequilibrio regional. (*Una nueva Argentina*, Bs. As., 1940) *"No cabe dudar* —decía Bunge— *que a crear esas diferencias han contribuido razones climáticas y geográficas, en especial la cantidad de lluvia anual. Pero tampoco puede caber duda de que han contribuido a acentuar este desequilibrio, en particular en el curso de los últimos treinta años, la atracción demográfica de las grandes ciudades del litoral, la inversión en el primer sector de la mayor parte de los recursos fiscales de la Nación* (el autor se refiere al sector formado por un radio de 580 kilómetros a partir de Buenos Aires, FL) *y la política económica —más propiamente la ausencia de una política— que ha significado la postura de esa primera región mirando hacia ultramar y con la espalda al interior".* Que nosotros sepamos, Bunge fue el primero en crear la expresión "Gran Buenos Aires". Atribuía esta anomalía a *"la forma casi eruptiva de esta evolución económica argentina en el transcurso de sólo veinte años, en particular de los nueve anteriores a 1940"* pero aseguraba que *"en el curso de una generación"*, una acción activa y perseverante, con un programa realista y definido, podría atenuar *"esos inconvenientes desniveles demográficos, económicos y culturales".*

Bonifacio del Carril, en su libro *Buenos Aires frente al país* (1944), hace un detallado estudio del crecimiento de la ciudad y su gravitación sobre el resto de la Nación. Pero al llegar el momento de proponer soluciones, del Carril se limita a proclamar que *"la grandeza de Buenos Aires, Capital y cabeza, pero no verdugo del país, sea la grandeza de la Nación entera y dando auténtica realidad de existencia al resto de la República (...) a fin de lograr las condiciones de armonía indispensables para la consecución de su unidad espi-*

ritual y material". Pasando de estas vaguedades a postulaciones más concretas, rechaza la idea de trasladar la capital a otro punto que no sea Buenos Aires y esboza un programa de descentralización que incluye desde *"el aumento de la población"* hasta *"la vigorización de los centros de vida locales"*. En realidad, eran puntos que formaban parte de la plataforma del "Movimiento de la Renovación", una de las expresiones nacionalistas que proliferaron en aquellos años, de la que formaba parte el autor.

Con mayor o menor grado de realismo, estas voces y otras menos importantes marcaban la preocupación que en ese momento tan particular de la vida argentina aparejaba el problema de Buenos Aires. Pues todas estas opiniones aparecieron en el último lustro de la década del '30 o primeros años de la del '40, es decir, después que la Capital Federal festejara suntuosamente el IV Centenario de su primera fundación (1936) y cuando la Segunda Guerra Mundial empezaba a evidenciar la vulnerabilidad del país.

Sin embargo, mientras estos autores intentaban llamar la atención de la opinión pública sobre el gigantismo de "la Reina del Plata", eran pocos los que veían el fenómeno más importante del sino en relación con la ciudad: la constante y callada invasión de los argentinos interiores. Este movimiento humano se producía cuando la urbe cosmopolita había cambiado su contenido poblacional. Ya había señalado Bunge el envejecimiento de las colectividades extranjeras. Era cierto: ahora los abuelos italianos, gallegos, judíos o árabes, eran ancianos o habían muerto. La gran corriente inmigratoria se había interrumpido al estallar la Primera Guerra Mundial y nunca alcanzó a retomar su antiguo caudal; año a año aumentaba la proporción de nativos, orgullosos de sus ancestros pero entrañablemente argentinos. La inmigración interna se iba sumando, entonces, a una población argentina de nacimiento y la resultante se fue dando, entre otras variables, en forma de un renovado interés por todo lo nacional. Por otra parte, durante los años de la Segunda Guerra Mundial y primeros de la posguerra, Europa cortó, virtualmente, sus tradicionales vinculaciones con la boca de entrada a la Argentina: desde las mercaderías hasta los libros, desde las modas hasta la música, aquella corriente poderosa que había confluido desde el viejo continente hasta Buenos Aires, se interrumpió o al menos adelgazó considerablemente, dándonos pausa y sosiego para pensar en nuestros propios problemas, hasta entonces embarullados con los del exterior.

Todos estos factores, a los que hay que sumar una acción, por parte del gobierno de Perón, no siempre acertada pero con una intención indiscutiblemente argentinista, contribuyeron a crear, hacia vísperas de la década del '50, un movimiento de regreso a las fuentes de nuestra cultura popular, que en un primer momento se expresó en el plano de la música; aquellos viejos ritmos y melodías que antes se exhibían en Buenos Aires como una curiosidad, y ahora invadían salas de baile y casas de familia. El patrimonio que antes cultivaban los provincianos residentes, en salones de dudosa fama, ahora derramaba su riqueza por todas partes. En 1921, Andrés Chazarreta debió apelar al aval de Ricardo Rojas para poder presentar en un teatro de la calle Corrientes su conjunto de cantos y danzas nativas: treinta años más tarde, no había chica o chico porteño que no supiera rasguear una zamba o escobillar un gato... Poetas y músicos de alto nivel dieron jerarquía a la "música de rancho" y los porteños descubrieron, asombrados, que el "folklore" (como se lo llamó) podía competir en calidad con el tango, el jazz o la música melódica.

Esta nueva actitud arrastraba a una inédita curiosidad por las cosas de la tierra. Una zamba hablaba de la Candelaria o de Tafí: ¿dónde quedaba eso? Otra mencionaba a Felipe Varela: ¿quién había sido ese personaje? La Salamanca, ¿qué era? Así se iba despertando un interés por la geografía, la historia, la tradición, llevando a la juventud a una reflexión sobre esa Argentina que en Buenos Aires no había tenido nunca una presencia profunda.

Pero esta re-argentinización de Buenos Aires no significaba que la ciudad modificara su relación institucional con el resto del país. En este aspecto, los dos gobiernos de Perón aparejaron una tremenda acentuación del centralismo ejercido desde la Capital Federal. Baste recordar que el partido oficialista anunciaba desde Buenos Aires las listas de todos sus candidatos, incluyendo hasta el último concejal del último pueblo de la República; y que en cada provincia había un "delegado" del buró central, que ejercía la jefatura indiscutible del partido oficialista en el distrito sin ninguna intervención de la masa partidaria y con independencia de las autoridades locales. Algunas leyes, como las que extendían la jurisdicción de la Secretaría de Trabajo y la Policía Federal, agravaron aun más el proceso de centralización y el peso del Estado Nacional en las provincias. El único hecho de signo diferente fue la inauguración de un comienzo de centro industrial en Córdoba, en los primeros años de la década del '50, que tendía a romper el monopolio que en este terreno ejercía Buenos Aires y su contorno, favorecido por la política económica de Perón, que no podía descuidar su clientela electoral, el sector obrero vinculado a la industria liviana.

Esta asociación entre poder político y gravitación industrial continuó en los años posteriores a Perón. En tiempos de Frondizi, algunas de las industrias automovilísticas más importantes se instalaron en el Gran Buenos Aires y los grandes complejos siderúrgicos se establecieron muy adentro del arco de 580 kilómetros que señalaba Bunge en 1940; las textiles, por su parte, afianzaron su vieja radicación en San Martín y La Matanza. La respuesta electoral a esta imprevisora concentración, fue catastrófica: en 1962, la experiencia desarrollista fue arrasada por el voto del Gran Buenos Aires, que frustró así una posibilidad de convivencia democrática entre peronistas y no-peronistas que nunca volvería a abrirse; así como en 1966 el derrocamiento del honorable gobierno de Illia se debió a la posibilidad de una repetición en el Gran Buenos Aires del voto peronista de cuatro años atrás.

No hace falta destacar que todos los gobiernos *de facto*, a partir de 1966, agravaron el problema: cada "gobernador" designado desde Buenos Aires en función de necesidades internas del régimen de turno era un golpe más contra el vapuleado sistema federal y una evidencia, a veces irritante, de la omnipotencia de Buenos Aires, cuyo crecimiento llegaba ya a proporciones de disparate en relación con el resto del país.

Cien años después de su elevación a capital de la República, a pesar de los cuestionamientos a su gigantismo, a pesar de los diagnósticos y planes trazados por algunos organismos de planeamiento, la realidad de Buenos Aires y su conurbano tiene una significación que salta a la vista con unas pocas cifras. Pues la Capital Federal y los partidos bonaerenses aledaños, más La Plata, Berisso y Ensenada, concentran (en el 1% de la superficie del país) el 37 % de sus habitantes, consumen el 50 % de la energía que se genera en todo el territorio, tienen el 45 % de los establecimientos industriales argentinos, agrupan el 54 % del personal ocupado en todo el país y producen el 57 % de su producción total.

Ya no puede demorarse más el interrogante: ¿es viable un país que padece semejante malformación?

Las contribuciones

Como se ha visto, el papel que cumplió Buenos Aires en la formación de la nacionalidad ha cambiado con el curso del tiempo. Cada uno de los roles que jugó significó un aporte distinto de Buenos Aires al país en el proceso de elaboración de la Nación, y estas contribuciones sucesivas fueron tan importantes como las del resto del conjunto argentino.

Pues Buenos Aires, en suma, ha dado a la Argentina el aire que distingue a nuestro país del resto de América Latina, el toque distintivo, identificatorio de una personalidad acentuada e inconfundible. Brindó, además, ese ritmo vivo y acuciante que la gente del interior debió asumir, olvidando sus formas de vida pausadas para adaptarse a la pulsación porteña, que da el ritmo a todo el territorio. Ha contribuido también a formar un sentido de la vida competitivo, fundado en los valores reales de cada cual, lo que no es más que una expresión de la concepción igualitaria, intrínsecamente democrática que es típica del ámbito porteño desde su origen, y responde al signo plebeyo que siempre presidió su destino. A Buenos Aires debemos los argentinos la conciencia de que somos una población atípica dentro del continente americano, y que en esta peculiaridad reside la clave de nuestra identidad nacional. Son, Buenos Aires y el resto del país, como el *yin* y el *yang* del ser nacional, los términos de un conflicto permanente que a veces –no muchas– han encontrado la fórmula para una razonable armonía.

Pero la gratitud del país hacia Buenos Aires y sus geniales contribuciones no pueden hacer olvidar la realidad devastadora del desequilibrio que produce crecientemente en el conjunto nacional. Ya no se trata de "la cabeza de Goliat": Buenos Aires y su conurbano configuran hoy una monstruosidad que hace difícil gobernar con equidad y razonable eficiencia un país planteado en semejantes términos.

La conjunción de poder político, concentración demográfica y fuerza económica derivada de la gran industria y sus conexiones financieras, todo ello llenando un vértice minúsculo del territorio nacional, tienta permanentemente a todo gobierno a olvidar los reclamos de la Argentina interior. Buenos Aires tiende a ser el país entero. Identifica su propia temática con la de la Nación y le cuesta, por buena voluntad que tengan sus hombres más representativos, asumir los problemas del resto del país. La atracción que significa la administración del prestigio y su capacidad para atar y desatar definitivamente todo lo atable o desatable, ha agotado la vida cultural de la Argentina interior, que tiende a reflejarse en la gran ciudad, imitarla y halagarla para obtener la consagración.

Es muy difícil gobernar una comunidad cuya "nativa solidaridad" –como decía Yrigoyen– se encuentra permanentemente erosionada por la anomalía que representa Buenos Aires y su conurbano. Y entonces llega el momento de plantearse el tema del futuro destino de este elemento de desequilibrio.

Escribimos estas páginas cuando otros problemas aparentemente más importantes, más urgentes, acosan el espíritu de los argentinos. Algunos son circunstanciales, como la transición del régimen *de facto* que vivimos desde 1976 hacia formas republicanas orgánicas. Otros son problemas de fondo: tal la decisión que hay que tornar en relación con el actual aparato industrial, o nuestra ubicación en el competitivo mundo contemporáneo.

Parece, entonces, un tema de distracción, éste de la relación de Buenos Aires con el país. O en todo caso, un tema postergable. No lo es, sin embargo. Toda la problemática nacional está teñida por la relación de Buenos Aires con el país, y es poco lo que puede resolverse, si no se resuelve, previamente, este viejo pero cada vez más grave conflicto. Si se admite que la concentración existente en Buenos Aires y su conurbano revela un país malformado, es indispensable pensar qué solución le daremos. Muchas cosas tienen que debatir los argentinos amplia y libremente, en esa "irritada introspección" que creía ver Toynbee cuando nos visitó hace quince años.

Pero si hay un debate que debe plantearse urgentemente en todos los niveles de la opinión pública, de las instituciones y los organismos técnicos, de los partidos políticos y naturalmente de las esferas específicas del Estado, es el que intente contestar a esta pregunta:

¿Qué hacemos con Buenos Aires?

Estas páginas están animadas por la intención de acelerar el planteamiento de este debate, que consideramos de todos modos inevitable pero cuya demora hará más difícil cualquier solución. Y también con el propósito de aportar una propuesta que no pretende ser definitiva, ni siquiera válida, pero que se apoya en la experiencia histórica. Pues la relación de Buenos Aires y el país es, como se ha visto, una constante cuyas alternativas llenan todo nuestro pasado, desde el primer poblamiento; por consiguiente no puede analizarse como un elemento abstracto sino a la luz de los hechos históricos y de la realidad nacional. Por el mismo motivo no nos extenderemos en consideraciones técnicas: "Doctores tiene la Iglesia" y ellos dirán su opinión en su momento. Aquí se trata, simplemente, de ver si la historia nos puede ayudar a resolver un conflicto básico, grave. No para proclamar la solución ideal sino para arrimar fundamentos a la solución posible, tal como hiciera Alberdi cuando hubo que pensar en las bases de la organización nacional.

V. Fe de erratas a la Historia

Como se ha visto, Buenos Aires luchó en toda época, con constancia e inteligencia, para conquistar dos objetivos: ser el puerto único o, al menos, el más importante de esta región del continente ("la puerta de la tierra"), y dirigir con sus hombres, sus ideas, sus intereses y su estilo al resto del conjunto nacional ("la hermana mayor") a veces como capital y otras veces negándose a serlo.

Puerto y cabeza, pues, han sido las dos funciones cuyo ejercicio, asentido o resignado por el resto del país, han llevado al gigantismo enfermizo que hoy pone en peligro nuestro equilibrio como comunidad.

En consecuencia, la historia marca el rumbo hacia la corrección de la anomalía. Ella nos indica que hay que obtener el abandono, por parte de Buenos Aires, de su condición de puerto y de su virtud capital. Nada, nos parece, podrá hacerse en orden a la edificación de una Nación integrada, balanceada, formada por regiones interdependientes pobladas y trabajadas racionalmente, si Buenos Aires (lo que hoy llamamos Buenos Aires pero es bastante más que la capital federal) no abdica de su condición portuaria y capitalina.

No es un problema simple, pero tampoco tan complejo como puede parecer a primera vista.

Por de pronto, no se trata de despojar a Buenos Aires de ninguna de las dos funciones. No es cuestión de clausurar la "puerta de la tierra" sino de abrir otras puertas. No se intenta minorizar a la "hermana mayor", sino promover el paso a la mayoría de edad de las otras hermanas.

Porque en último análisis, formular las propuestas que siguen, significa reconocer la madurez de un país que debe formular una profunda rectificación a su estructura sin paralizar ni disminuir a ninguno de sus componentes ni mucho menos humillar a una ciudad que enorgullece a todos los argentinos y que nos identifica ante el mundo.

Veamos, entonces, los dos temas fundamentales cuya elucidación marca el rumbo de un nuevo equilibrio nacional. Primero, lo del puerto.

Puerto y Capital

La cancelación de la condición portuaria que tradicionalmente ostenta Buenos Aires es una fatalidad: llegará inevitablemente con el curso del tiempo, pero conviene acelerarla.

Es una fatalidad porque cada vez se hace más difícil mantener expedito y apto para el servicio, el canal de acceso al puerto mayor de la Argentina. Los sedimentos que viene arrastrando el estuario imponen una labor de mantenimiento y dragado cada vez más ardua y costosa, en la medida en que los navíos de transporte de mercaderías se construyen con tonelajes mayores. Los enormes buques petroleros, cerealeros y contenedores, tendrán dificultades crecientes para atravesar ese pantano cruzado por un estrecho canal, que es el Río de la Plata; y si los argentinos no establecemos otro puerto sobre algún punto del Atlántico, en pocos años nuestro intercambio ultramarino deberá realizarse por Santos, en Brasil. Basta observar, en los últimos meses de cada año, la larga fila de navíos "haciendo cola" para entrar por el canal de acceso –que a veces queda bloqueado por el simple hundimiento de un remolcador o un arenero– para advertir que el comercio exterior del país no puede seguir dependiendo de un colector tan vulnerable. Hace un siglo y medio, cuando la guerra con Brasil y cuando los problemas con Francia y Gran Bretaña, quedó demostrado que el bloqueo era la estrategia más eficaz para estrangularnos. No abrir un nuevo puerto capaz de satisfacer las exigencias del comercio marítimo tal como se practica en el mundo contemporáneo, sería suicida...

El puerto de Buenos Aires, inexistente durante siglos, sirvió cuando las embarcaciones no sobrepasaban determinado calado. Pero ahora hay que cobrar conciencia de que ya no sirve. Quedará como puerto fluvial, con funciones muy importantes, de todos modos, ya que la parte argentina de la Cuenca del Plata, con las obras de embalse e hidroeléctricas proyectadas o en ejecución, convertirá a la región litoral en un emporio de riqueza. Pero Buenos Aires no podrá seguir siendo un puerto de ultramar y la instalación de las actividades de importación y exportación en la nueva boca de entrada y salida del país que necesariamente deberá construirse sobre el Atlántico, significará una importante descongestión del conglomerado porteño y acelerará la desaparición de la anomalía desequilibrante que es hoy Buenos Aires.

Pero, repetimos, conviene acelerar este cambio, para no empezar cuando el puerto de Buenos Aires quede obsoleto e inútil por la acción de la naturaleza o la superación técnica. Hace demasiado tiempo están listos los estudios para la construcción de un puerto de aguas profundas cerca del cabo San Antonio. Falta la decisión política de poner en marcha semejante obra, que deberá optar entre este proyecto o el montaje de un puerto artificial mediante las modernas técnicas que permiten establecer embarcaderos de cualquier dimensión, prácticamente en cualquier punto de la costa.

Es obvio que cuando esta obra se encuentre en vías de realización, buena parte del trazado ferroviario y vial concentrado sobre Buenos Aires deberá desviarse hacia el nuevo punto de entrada y salida. Como también es de suponer que, paralelamente a ello, se realizará un espontáneo desplazamiento de ciertas industrias vinculadas más estrechamente que otras a la exportación (por ejemplo la alimenticia) hacia los nuevos ejes de transporte. Así se concretará pacíficamente una descentralización de industrias que diversos gobiernos bonaerenses han intentado promover a través de normas legales voluntaristas y de escaso efecto.

Estos redimensionamientos serán positivos en la medida que empezarán a romper el dibujo del tradicional embudo vigente durante tanto tiempo, y harán más fácil la otra iniciativa indispensable; la descapitalización de Buenos Aires.

Descapitalizar Buenos Aires no es una cosa dramática. No es descabezarla, ni descalificarla, ni degradarla. En el terreno jurídico significa, simplemente, sustraerla de la jurisdicción presidencial a la que está sometida en virtud del art. 67 inciso 3 de la Constitución Nacional, y derogar la Ley 1.029 que declaró capital de la República a su municipio.

Pero es claro que la iniciativa aparejará decisiones trascendentes, que afectarán la vida de centenares de miles de personas en forma directa, e incidirán, de uno u otro modo, sobre enormes intereses. Es indispensable, por consiguiente, que la opinión pública de todo el país y en primer lugar la de Buenos Aires, se convenza de la necesidad de una iniciativa como ésta: un convencimiento que debe llegar a través de razones y evidencias expuestas en debates en los que deben participar todos los sectores.

En tiempos del presidente Lanusse se dictó la ley 19.610, que planteaba la posibilidad de trasladar la Capital Federal y designaba una comisión que debía informar antes del fin del año 1972. El proceso político se tragó la iniciativa, sin duda bien inspirada pero que constituyó un típico acto voluntarista, huérfano de todo interés popular. Ese error no debe repetirse. Ahora debe entablarse una discusión de abajo hacia arriba, empezando por los partidos políticos, que deberán definirse en este aspecto –como en tantos otros de la realidad nacional– antes de presentarse a reclamar mandatos al electorado.

Y para que el debate se pueda realizar con la altura que requiere el tema y con una suma de elementos de juicio que facilite el pronunciamiento de los diversos sectores, será conveniente plantearlo desde dos vertientes: la que se refiere al país y la que tiene que ver con Buenos Aires.

El país y Buenos Aires

El país, tal como ahora es y funciona, no puede seguir gobernado desde un vértice de su territorio, en una enorme urbe donde se hace de todo: finanzas, cultura, educación superior, administración municipal, industria, comercio. El solo hecho de gobernar desde Buenos Aires, por más sensibilidad que tengan los titulares de turno en el poder, obnubila la visión de la totalidad del país, desvanece la imagen del conjunto nacional y coloca anteojeras que impiden visualizar la totalidad. Basta recordar el desdén con que fueron tratados los problemas vinculados a las producciones regionales en los últimos años, o la vejatoria manera en que se intentaron resolver los diferendos limítrofes interprovinciales (mediante una comisión burocrática del Ministerio del Interior) o la auténtica exacción que padecen las provincias patagónicas en sus regalías petroleras, para advertir que el problema no radica en el espíritu más o menos sensible de tal o cual gobernante sino en la circunstancia de que se gobierna desde un rincón excéntrico, bajo la presión de urgencias que distraen de esa esencial función que carga el Estado de administrar con justicia y equidad los bienes comunes.

Para un país como el nuestro, que se ha ido poblando sobre ejes de caminos; que todavía reserva grandes extensiones despobladas; que cuenta con una pequeña salida al exterior y un enorme *hinterland*; que no ha valorizado otra región que su pampa húmeda; que no ha llevado a cabo una coherente política de fronteras, su capital debería estar situada en una pequeña ciudad de la región central, donde se haga lo único que debe hacerse en una capital: política y administración. Buenos Aires tiene demasiadas distracciones y al mismo tiempo que aleja física y espiritualmente del conjunto nacional a los gobernantes, insensibiliza a su población sobre los problemas del resto del país, la desinteresa de todo lo que no ocurra en su propio ámbito, urgida como está por el vivo ritmo que la caracteriza.

La capital que debe tener la Argentina –no vacilamos en afirmarlo– debe ser pequeña y aburrida. Tal como lo fue Paraná en tiempos de la Confederación. En primer lugar, porque ésa sería la manera de que gobernantes y burócratas se consagraran a sus funciones de modo excluyente. Además, porque una ubicación con estas características restaría atracción a la carrera política y a la función pública, seleccionando a quienes tuvieran una auténtica vocación por ellas. Ya no seria una granjería una banca de diputado, sino una alternativa de trabajo; y el puesto público no sería el premio de inservibles u ociosos, sino un ejercicio *full time* para el que quiera seguir la carrera del servicio público. Buenos Aires ha sido, desde 1880, un objetivo de vida para los provincianos de algún relieve, y en gran medida constituyó el motor de la enorme migración de personalidades que fueron vaciando las entidades federales de sus mejores valores humanos. Una capital pequeña, funcional, adaptada para alojar a los organismos nacionales necesarios, desalentaría las execraciones que han obstaculizado el sano ejercicio de las funciones políticas y administrativas; purificaría, diríamos, la actividad pública y establecería un ámbito de consagración exclusiva donde no podrían vivir ni trabajar quienes no sintieran la más fuerte atracción por sus tareas.

Para entender los motivos de la descapitalización de Buenos Aires, el país debe asumir en su conciencia profunda la gravedad de lo que hoy es una mera tabla de datos estadísticos. Somos un país malformado o, más bien, deformado; y esto tienen que saberlo los argentinos sin falsas vergüenzas. Hay que preguntarse cuánto tiempo más puede ser viable una comunidad cuya cabeza es tan grande como el resto del cuerpo. La Señora con el gorro frigio y la túnica que suele simbolizar la República debería reemplazarse por un enano macrocefálico, enredado en sus piernas endebles, con un cuerpo raquítico aplastado por una cabeza monstruosa...

Pero la razón principal que asiste a la descapitalización de Buenos Aires desde el punto de vista del interés nacional reside, es obvio, en la necesidad de proveer un nuevo equilibrio regional. No se puede detener por decreto el patológico crecimiento de Buenos Aires, ni es concebible un desplazamiento staliniano de poblaciones desde el aglomerado porteño a otros puntos del país. Entonces, la vía más razonable y funcional parecería ser la que tienda a crear un centro de intereses que atraiga, por su sola gravitación, a un sector humano que descomprima en alguna medida la concentración metropolitana y forme el núcleo inicial de un poblamiento nuevo en otras geografías: un peso novedoso en la balanza nacional que equilibre los platillos antes que se desconcierten del todo.

La objeción primaria a la descapitalización es el ingente gasto que demandaría la adaptación de una ciudad ya existente a su nueva función capitalina, o la creación de otra nueva, así como las erogaciones que exigiría el traslado de los organismos del Estado y la instalación de su personal.

Es indudable que la inversión requerida sería enorme. Pero ni es necesario hacerla de una sola vez ni se trataría de una inversión estéril. Por el contrario, crear un nuevo eje demográfico de este porte aparejaría una suma de actividades inéditas, una enorme cantidad de nuevos empleos en la apertura de vías de acceso y comunicaciones, labores de apoyo e infraestructura, no todas costeadas por el Estado y, por el contrario, impulsoras de múltiples actividades complementarias.

El caso de Brasilia –que suele traerse negativamente a colación– es irrelevante, puesto que la capital brasileña fue instalada en un desierto, como una avanzada solitaria, a enorme distancia de otros centros urbanos. En nuestro país, la amplia región central donde por lógica debería fijarse la nueva capital, ya está comunicada con las otras comarcas argentinas, se encuentra constelada de ciudades y pueblos, su clima es benigno y permite cultivos y crías destinadas al abastecimiento inmediato de cualquier concentración humana, y hasta cuenta con yacimientos de materiales aptos para la construcción. No sería, pues, una empresa loca ni una obra faraónica, sino una fundación viable, con capacidad de atracción y permanencia, que permitiría establecer un nuevo eje poblacional y un conjunto de servicios adecuados, a costa de un conglomerado urbano sobreabundante. Sería, en suma, una corrección decisiva de la actual estructura demográfica argentina, además de una rectificación política definitiva a las deformaciones que viene sufriendo el sistema federal desde, prácticamente, la sanción de la Constitución de 1853 y más gravemente, a partir de 1880.

Claro está que la radicación del gobierno nacional en otro lugar que no sea Buenos Aires, no garantiza *per se* la sabiduría de sus decisiones. Pero una ubicación menos periférica, más central, conllevaría una voluntad de aproximación a políticas más sintonizadas con las necesidades del país interior, y haría derretir la vieja desconfianza de la mitad de los argentinos, renovada a cada momento y en diversas expresiones, sobre un Estado Nacional al que ven como un elemento expoliador y no un organismo de tutela general.

Agreguemos que la empresa de trasladar la sede del gobierno nacional a otra ciudad (no nos interesa, en este momento, cuál podría ser o si debe construirse una nueva a este efecto) debería adoptarse como un desafío nacional, como algo merecedor de ese fervor que suelen despertar a veces las grandes obras públicas –recordemos el alborozo de santafecinos y entrerrianos cuando se inauguró el túnel subfluvial. Al que debería agregarse el sabor de un emprendimiento fundacional: el repeluzno que nos estremece la piel cuando tenemos la sensación de estar frente a algo grande que pertenece a la Patria. Decidido el traslado de la capital federal, la obra no debería tener un tono o un ritmo administrativo, sino el latido de una gran empresa en la que todos participan de alguna manera y cuyo seguimiento se hace día por día, hasta su conclusión. Algo así como una segunda Conquista del Desierto, una patriada que cambiará fundamentalmente el rostro argentino y que, por consiguiente, no puede ser ajena a nadie.

Una nueva conquista del territorio interior, para hacer realidad la promesa de la solidaridad de los pueblos con que se inició en 1810 el camino de la Independencia.

No despojar

Pero hay un prerrequisito fundamental para que Buenos Aires acompañe, como debe acompañar, esta empresa, con todo el peso de su prestigio y de su poder real. Ya hemos dicho cuál es: que no se sienta despojada, que vea su descapitalización como una etapa más de su historia, un tramo lógico y aceptable de su evolución. Los porteños recalcitrantes sintieron la capitalización de su ciudad, en 1880, como un zarpazo provinciano, y Eduardo Gutiérrez tituló *La muerte de Buenos Aires* al libro en que contó aquellos hechos. Eso no debe volver a suceder.

Es probable que la urbe y su conurbano no lloren cuando digan adiós a los poderes del Estado Nacional. A tal punto ha roto Buenos Aires sus costuras, su congestionamiento demográfico y edilicio es tan insoportable, que esa punción –doscientas mil familias que deberán trasladarse a la nueva capital para seguir sirviendo las necesidades del Estado Nacional– sería un verdadero alivio para los residentes que se quedan. Electricidad, gas, teléfonos, cloacas, aguas corrientes, pavimentos, toda la infraestructura de servicios de la actual Capital Federal y sus aledaños podrían entonces abastecer normalmente a una población que no crece en el ejido municipal desde hace varios años aunque sí en el conurbano, pero que resulta cada vez más difícil servir en sus necesidades básicas.

Sin embargo, la adhesión de Buenos Aires a su descapitalización debe apoyarse en motivos menos vecinales. Tiene que tener un fundamento institucional, que no puede ser otro que su liberación de la tutela presidencial y su erección como provincia autónoma, la N° 23 de la República Argentina. Sería la solución históricamente lógica, además de viable en el terreno institucional: la provincia de Buenos Aires donó su ciudad capital a la Nación en 1880; ahora la Nación manumitiría a la ciudad de su condición dependiente del Poder Ejecutivo y reconocería su autonomía, con la plenitud de poderes que normalmente ejercen los estados federales. Una autonomía que, para ser viable, tendría que contar con el sacrificio de la provincia de Buenos Aires –uno más a lo largo de la historia argentina– al desprenderse de los partidos que conforman el conurbano y no son sino el apéndice, la extensión física, social, económica y cultural de la actual capital federal. Pero no creemos que para los bonaerenses esto sea una tragedia. El conurbano es hoy un conjunto de problemas casi insolubles, arrastrado de déficit tremendos en todos los terrenos, cuya vida sólo podría armonizarse mediante una acción estatal de presencia inmediata como sólo puede ejercerla un gobierno local con todos los recursos y poderes propios de una provincia. Además, la creación de la provincia N° 23 permitiría a la provincia de Buenos Aires uniformar su rostro, actualmente cortado por una realidad urbana e industrial, y otra rural y agropecuaria, que conviven difícilmente y constituyen dos realidades cada vez menos compatibles dentro de una misma entidad institucional. Desprenderse del Gran Buenos Aires permitirá al conjunto bonaerense proyectar y ejecutar políticas concentradas en su fisonomía agraria, y equilibraría su panorama electoral, que desde hace veinte años sufre las tormentas provenientes de una parte de su realidad a la que ningún gobierno bonaerense ha podido satisfacer en sus reclamos.

De este modo, creemos, aceptaría Buenos Aires despojarse sin melancolía de su condición capitalina. Acaso el nunca usado recurso del plebiscito sea la solución más lógica y democrática para decidir el destino institucional de la Capital Federal y el Gran Buenos Aires, en esta nueva instancia de su historia. En 1880 era indispensable que la urbe histórica, la ciudad de Mayo, se convirtiera en cabeza de la Nación, recién unificada. Cien años más tarde no hay motivos para que siga siéndolo, y en cambio hay muchos para inducirla a abdicar de la virtud que en su momento supo asumir con tanto vigor.

Buenos Aires y su conurbano, convertidos en provincia, tendrían desde luego una fisonomía muy especial. Sería una provincia urbana, preferentemente de servicios, pero no carecería de ninguna de las condiciones necesarias para desenvolverse como Estado autónomo, con su gobernador, su legislatura, su justicia, su fuerza de seguridad, sus rentas, sus instituciones educativas, sanitarias y de cultura. Por primera vez en su historia, el pueblo de Buenos Aires elegiría directamente a su poder ejecutivo y tendría una participación directa en las decisiones que afectaran a su destino. Hay que pensar que Buenos Aires ya no es esa "provincia de extranjeros" que decía Roca despectivamente hacia fines del siglo pasado: re-argentinizada por un proceso demográfico irreversible, podría formar parte, con toda legitimidad, de la constelación de Estados que forman el conjunto de la Nación.

Entonces, esta concentración que en tantos momentos de la historia argentina tendió a dividir, disgregar o desequilibrar al país entero, podría ¡por fin! volver a ser –como en otros momentos estelares de su pasado– una fuerza sintetizadora y dinámica de la Nación. Desprendida de los poderes del Estado Nacional, asumiendo sus propias facultades locales, respaldada por sus propias fuerzas, culminará felizmente el proceso de sus relaciones con el resto del país. En igualdad de condiciones institucionales con los otros Estados nadie podrá reprocharle ese crecimiento que suele verse como desmedrando el de sus hermanas. Si sigue progresando, lo hará legítimamente, por su propia dinámica, y seguramente su progreso arrastrará el del resto del conjunto nacional. Pero limpiamente, sin arrebatar nada a nadie.

Esta nueva composición, que incide en el cuadro institucional, poblacional y económico del país, requiere una serie de decisiones políticas y técnicas, en cuya complejidad no queremos internarnos. En su momento deberá resolverse, por ejemplo, la ubicación de la nueva capital y allí irán los sabios a computar el lugar adecuado; también deberán determinarse la oportunidad y el modo de hacer el enorme gasto que significará la puesta en marcha de esta iniciativa; y asimismo deberá resolverse la complicada transferencia de bienes de la Nación a la provincia N° 23.

Pero lo que hay que señalar como básico y previo, es que esta suma de decisiones no puede ser adoptada por un régimen de facto sino por un gobierno constitucional, a través de los resortes legales y después de una amplia consulta a la opinión pública. Desplazar la Capital Federal, colocarla en otro lugar, convertir en provincia a Buenos

Aires y su conurbano, todas las secuelas de estas decisiones, implican un acto de voluntad nacional, un compromiso definitivo del país consigo mismo, que debe asumirse solemne y claramente, como un plan para varias décadas. Una recomposición tan trascendente como la de la organización nacional. Pero también podrá ser un objetivo tan levantado y formidable, que frente a él empalidecerán las querellas políticas y los enfrentamientos que dividen desde hace tanto tiempo a los argentinos.

Desde luego no nos hacemos la menor ilusión de que este proceso gigantesco pueda ser inmediato. Pero estamos convencidos de que hay que lanzar la idea para que empiece a discutirse, para que la opinión pública se familiarice con una posibilidad como ésta. En otras palabras, para que los argentinos no sigan acobardándose ante las grandes empresas; en 1880, cuando la Nación se apropió de Buenos Aires, los bonaerenses no lloraron mucho tiempo sobre la amada ciudad perdida: simplemente se consagraron a hacer otra en su reemplazo... ¿No podemos recuperar ese espíritu encarando una empresa gigantesca pero cuyas ventajas son indiscutibles?

Tenemos la certeza de que son tan evidentes los saldos positivos de esta iniciativa, que sólo el inmovilismo o el temor a las cosas grandes pueden neutralizarla. Sólo pensar lo que ella puede significar en términos de achicamiento del Estado, constituye un argumento irrebatible: por ejemplo, el Ministerio de Justicia de la Nación, liberado de la obligación de atender la estructura judicial metropolitana, quedaría limitado a un organismo de apoyo de juzgados y cámaras federales. Esta fantasía, aplicada a otros organismos y reparticiones estatales, demostraría que el Estado Nacional puede regresar a proporciones razonables, casi modestas, para atender los bienes comunes de un país en el que haya desaparecido la anomalía que hoy hipertrofia la estructura estatal.

Sólo el inmovilismo o el temor a lo grande puede hacer naufragar esta idea. Pero la Argentina tiene —así lo creemos— reservas suficientes como para hacer suya una iniciativa que equivaldría a formular su propia rectificación a la historia.

¿Utopía?

Me adelanto a la objeción: todo esto suena a utopía.

Es posible que así parezca, porque hemos olvidado nuestra antigua aptitud para la grandeza y desde hace demasiado tiempo nos alimentamos de medianía, respiramos con el aliento corto... También sonaban a utopía los artículos de Moreno en la *Gazeta de Buenos Ayres*, las teorizaciones de Echeverría en el *Dogma Socialista*, las propuestas de Alberdi en sus *Bases*, y hasta las prospecciones de Bunge en la década del '30. ¡Por favor! nadie piense que estoy haciendo, ni remotamente, ningún tipo de comparación. Sólo quiero decir que cuando se tienen ideas que se suponen válidas, útiles, hay que arrojarlas a la discusión pública aunque las condiciones del contexto sean aparentemente las menos propicias para su recepción. Ésta es la única forma de mantener la capacidad de los compatriotas para razonar sobre la temática común y poder convenir las opciones que mejor parecen.

En las últimas décadas hemos asistido en nuestro país a un gradual empobrecimiento de nuestro mundo de ideas. Es un proceso que viene desde la primera presidencia de Perón; los regímenes autoritarios suelen ser panglossianos y parten de la base de que todo está bien, que nada puede estar mejor... En sus discursos de aquella época, Perón solía repetir: "Ya no tenemos ningún problema importante que resolver..." con lo que implícitamente negaba el derecho a plantear ningún problema. Este postulado autoriza a cancelar toda discusión en el plano de las ideas, puesto que el orden existente no puede cuestionarse. De aquí a la "noche de los bastones largos" de Onganía, sólo hay un paso...

El ejercicio de la inteligencia se ha hecho aquí cada vez más arduo. Ciertos problemas no deben plantearse, por demasiado urticantes; otros tampoco, porque son resorte de los técnicos y nadie debe invadir sus sagrados territorios; otros, en fin, porque aunque existen no se los puede resolver y es mejor ignorarlos... No hay que dejarse trampear; hay que mantener viva la imaginación y no eludir la confrontación de las ideas, para que alguna vez se utilicen sus saldos. O se desestimen, pero después de haberse examinado.

Por esto mismo nos parece importante que el país no vuelva a incurrir en el error cometido otras veces, cuando debió caminar la transición de un gobierno *de facto* a uno constitucional. Esta de ahora no debe hacerse en función de palabras irrelevantes o slogans sin contenido. Cuando esto ocurre, el barullo electoral ahoga toda posibilidad de discutir libre y seriamente los problemas básicos del país, y entonces la transición se convierte en un episodio que no incluye compromisos de fondo para los que advienen a la función de gobierno.

Hace casi un cuarto de siglo, en 1958, el proceso electoral que cerró el gobierno *de facto* de entonces, fue marco de una exposición orgánica de la problemática argentina de la época. No importa lo que haya pasado después, un candidato presidencial expuso un catálogo de problemas y una serie de puntos de vista concretos y definidos sobre las soluciones posibles. Ahora, que parece abrirse un proceso político similar –con otro paquete de temas, desde luego– habría que intentar una reflexión parecida.

No sabemos cuándo recuperaremos la normalidad constitucional. Tampoco si lo haremos incondicionalmente, o si los terribles procesos vividos en la década anterior dejarán una herencia de bretes, salvedades y cortapisas que estrechen el camino hacia la recuperación de la República. Sea como sea, el problema que se ha planteado en estas páginas viene de una reflexión historiográfica pero incide directamente sobre el país que seremos en la próxima centuria. Si los argentinos deciden acometerlo en el sentido que hemos señalado o en uno similar, ello significará una rectificación básica a nuestra constitución real. Si no lo hacen y se lo deja agravar, los males que hemos indicado se harán cada vez más agudos e incontrolables. Pero quede claro que, se encare o se eluda la solución debida, la relación entre Buenos Aires y el país, sustancia de esta meditación, importa una temática que nos golpea la cara y la golpeará en el futuro cada vez con más fuerza.

Hace muchos años que no nos congregamos alrededor de una gran bandera común. En otras épocas, los hombres de esta tierra eran generosos para entusiasmarse con las iniciativas que tuvieran el sello de la grandeza, la imaginación, la audacia. Sabían agigantarse a la medida de los emprendimientos que llamaran a su corazón y su sensibilidad y, sobre todo, a su ambición de constituir una gloriosa Nación. En su momento, la independencia, la organización nacional, la conquista del progreso, la soberanía popular, la justicia social, el desarrollo, fueron ideas-fuerza que convocaron espontáneamente a los argentinos y robustecieron ese "plebiscito cotidiano" que según Renán es toda Nación.

Me pregunto: esta rectificación esencial en la relación secular de Buenos Aires y el país, esta fe de erratas a la historia que escuetamente hemos propuesto en las reflexiones que se han leído, ¿no podrá ser la nueva bandera que reúna y anime a los argentinos que vivimos en los umbrales del siglo XXI?

Citas

Como suele ocurrir en ensayos como éste, resulta imposible justificar con una bibliografía prolija la suma de datos de los que surgen las reflexiones que forman la sustancia de la obra. Me limitaré, en consecuencia, a establecer el origen de las citas transcriptas en el texto, omitiendo aquellas cuyas fuentes se han mencionado en el mismo.

Capítulo I

Matienzo: en "Matienzo, el oidor empecinado", por María Sáenz Quesada, en revista *Todo es Historia*, N° 152.
Ortiz de Zárate: en "Esos primeros porteños", id.
Montalvo: en "Así lo vieron", id.
Braudel: en *El Virreinato del Río de la Plata*, por Manfred Kossok.
Dávila: en "La más pobre ciudad", por María Sáenz Quesada, en *Todo es Historia*, N° 153.
Aldunate y Rada: *Historia de la Argentina*, tomo II, por Vicente Sierra.
Anónimo riojano: en "Planes para La Rioja colonial", por Félix Luna, *Investigaciones y Ensayos*, N° 24.
Quejas de Montevideo: en *El Cabildo de Montevideo*, publicación de la Intendencia Municipal de Montevideo (1977).

Capítulo II

Cabildante santiagueño: en "Un Alférez Real excesivamente irascible", revista *Historia*, N° 6, pág. 34.

Opinión del Síndico del Consulado: en *Historia de la Argentina*, tomo IV, por Vicente Sierra, pág. 456 y ss.

Opiniones de Artigas: en *Los caudillos*, por Félix Luna, pág. 70 y ss.

Pezuela y Osorio: en *Güemes documentado*, por Luis Güemes, tomo V.

Viveza de Alvear: en *La lira argentina*, Biblioteca de Mayo, tomo VI, pág. 4735.

Manuel Posse: en "Un Industrial Azucarero: Wenceslao Posse", por Carlos Páez de la Torre (h.) en *La Argentina del 80 al Centenario*, compilación de Ezequiel Gallo y Gustavo Ferrari, pág. 419.

Gazeta de Buenos Ayres: cit. por Antonio Pérez Amuchástegui en *Actas del Congreso Internacional Sanmartiniano*, tomo VII, pág. 198.

Opinión de Bustos sobre Buenos Aires: en *El país disuelto*, por Carlos S. A. Segreti.

Opinión de diplomático ecuatoriano: en *Historia Argentina*, por José Luis Busaniche, pág. 438.

Opinión de Bustos sobre pequeñas provincias: en *Historia de la Argentina*, tomo VII, por Vicente Sierra, pág. 170.

El Eco de los Andes de Mendoza, N° 56, año 1825.

En *La economía del interior en la primera mitad del siglo XIX, Cuyo*, por Carlos S. A. Segreti, Ed. Academia Nacional de la Historia, Bs. As., 1981.

Quiroga contra la Constitución de 1826: en *Los caudillos*, por Félix Luna, pág. 152.

Uso de las rentas públicas por Rosas: en *La Lucha por la Consolidación Nacional*, por James Scobie.

Capítulo III

Opinión de Florencio Varela: cit. por Tulio Halperin Donghi, en *Proyecto y construcción de una nación*.

Opinión de Mariquita Sánchez: en *Mariquita Sánchez, recopilación de sus cartas*.

Opinión de comerciantes de Salta: en *Revista de Economía Regional*, N° 2.

Opinión de Manuel Taboada: en *Los Taboada*, por Gaspar Taboada, tomo I, pág. 114.

Opiniones de Tejedor, Anchorena, Pirán: en *El estado rebelde*, por María Sáenz Quesada.

El Chacho a Urquiza: en *Los caudillos*, por Félix Luna, pág. 230.

Reclutas riojanos: en *Mitre y el Chacho*, por Dardo de la Vega Díaz.

Opinión de Vicente Fidel López: en *Diario de Sesiones de la H. Cámara de Diputados de la Nación*, tomo II, año 1875, pág. 1123.

Opinión de Arredondo: en *De comicios y entreveros*, por Félix Luna.

Índice

Prólogo 7

I. La puerta de la tierra 9
La puerta vacía 11
Vivir burlando la ley 13
Cazar vacas 17
Recelos, querellas 20
La ciudad convocadora 24
El Estado flojo 28
Hacia el Virreinato 31
El esbozo de una gran nación 34
Los nuevos poderes 38
Algo funciona mal 42
Los tres poderes 44

II. La hermana mayor 49
Criollos, burgueses, intelectuales 51
El puerto abierto 55
La política 59
La idolatría de Buenos Aires 62
La guerra en el interior 65
El redituable aislamiento 67
Los ensayos fracasados 74
La máxima concesión 80
Veinte años ¿no es nada? 89

III. Estado segregado, Provincia hegemónica 93
El comienzo de la secesión 95
"Somos malos... " 99
¿Civilización y barbarie? 103
La unidad salvada 106
El nuevo orden de cosas 110
Lo nacional versus lo bonaerense 117

IV. La Capital Federal 123
La ciudad diferente 126
La Reina del Plata 132
El cuestionamiento a la Reina del Plata 136
Las contribuciones 143

V. Fe de erratas a la Historia 147
Puerto y Capital 150
El país y Buenos Aires 153
No despojar 158
¿Utopía? 163

Citas 167
Capítulo I 167
Capítulo II 168
Capítulo III 169

This edition published by arrangement with
the Author through stockcero.com

For information address:
stockcero.com
Viamonte 1592 C1055ABD
Buenos Aires Argentina
54 11 4372 9322

stockcero@stockcero.com

www.ingramcontent.com/pod-product-compliance
Lightning Source LLC
Chambersburg PA
CBHW031146160426
43193CB00008B/272